Nicolini

5 vor Mündliche Prüfung

Zusätzliche digitale Inhalte für Sie!

Zu diesem Buch stehen Ihnen kostenlos folgende digitale Inhalte zur Verfügung:

- Online-Version ✓
- Online-Training
- Aktualisierung im Internet
- Zusatz-Downloads
- App
- Digitale Lernkarten
- WissensCheck

Schalten Sie sich das Buch inklusive Mehrwert direkt frei.

Scannen Sie den QR-Code **oder** rufen Sie die Seite **www.nwb.de** auf. Geben Sie den Freischaltcode ein und folgen Sie dem Anmeldedialog. Fertig!

Ihr Freischaltcode

CGGC-LWUO-KTWL-NWUJ-LJPK-EE

NWB Bilanzbuchhalter

5 vor Mündliche Prüfung

Endspurt zur Bilanzbuchhalterprüfung (VO 2015)

Von
Dr. Hans J. Nicolini

5., überarbeitete Auflage

▶ nwb

Kein Produkt ist so gut, dass es nicht noch verbessert werden könnte. Ihre Meinung ist uns wichtig! Was gefällt Ihnen gut? Was können wir in Ihren Augen noch verbessern? Bitte verwenden Sie für Ihr Feedback einfach unser Online-Formular auf:

www.nwb.de/go/feedback_bwl

Als kleines Dankeschön verlosen wir unter allen Teilnehmern einmal pro Quartal ein Buchgeschenk.

ISBN 978-3-482-**63865**-7
5., überarbeitete Auflage 2018
© NWB Verlag GmbH & Co. KG, Herne 2012
www.nwb.de
Bildnachweise: S 19: © poosan – stock.adobe.com, © Sofiya Yermakova – adobe.stock.com, S. 21: © chungking – adobe.stock.com, S. 26: © Christian Schwier – adobe.stock.com, © Photographee.eu – adobe.stock.com, © anubis3211 – adobe.stock.com, S. 27: © piyaphunjun – adobe.stock.com, S. 30: © Piggycoup – adobe.stock.com
Alle Rechte vorbehalten.
Dieses Buch und alle in ihm enthaltenen Beiträge und Abbildungen sind urheberrechtlich geschützt.
Mit Ausnahme der gesetzlich zugelassenen Fälle ist eine Verwertung ohne Einwilligung des Verlages unzulässig.
Satz: Griebsch & Rochol Druck GmbH & Co., Hamm
Druck: Stückle Druck und Verlag, Ettenheim

VORWORT ZUR 5. AUFLAGE

Die Verordnung über die Prüfung zum anerkannten Abschluss Geprüfter Bilanzbuchhalter/Geprüfte Bilanzbuchhalterin, die erst 2007 in Kraft getreten und noch 2009 überarbeitet worden war,[*] ist bereits 2015 wieder durch eine Neufassung ersetzt worden[**]. Die teilweise tiefgreifenden Änderungen machen eine vollständige Neuauflage der erfolgreichen „5 vor"-Reihe erforderlich.

Die mündliche Prüfung besteht jetzt aus einer Präsentation und einem anschließenden Fachgespräch. Gegenüber der bisherigen Regelung ergeben sich insbesondere folgende wesentliche Neuerungen:

- Es gibt keine Ergänzungsprüfungen mehr. Eine nicht ausreichende schriftliche Leistung kann durch eine mündliche Prüfung nicht mehr ausgeglichen werden.
- Das Thema der Präsentation kann selbst gewählt werden. Es muss aus dem Handlungsbereich „Jahresabschlüsse aufbereiten und auswerten" stammen und ein komplexes betriebliches Problem behandeln.
- Die Präsentation kann zu Hause vorbereitet werden.
- In das Fachgespräch können Themen aus allen Handlungsbereichen einbezogen werden.
- Bei der Ermittlung der Gesamtnote erhält die mündliche Prüfung einen erheblich höheren Stellenwert. Sie setzt sich jetzt gleichwertig aus der Punktbewertung der schriftlichen und der mündlichen Leistung zusammen.

In der 5. Auflage von „5 vor Mündliche Prüfung" werden diese Änderungen besonders berücksichtigt, denn auf die Neuerungen der mündlichen Prüfung kann und muss man sich vorbereiten.

Die Praxis zeigt, dass die Vorbereitung auf die mündliche Prüfung bereits bei Lehrgangsbeginn anfängt:[***]

- Je länger die Vorbereitungszeit, desto effektiver können Ideen und Gedanken geordnet werden und desto planmäßiger kann die mündliche Prüfung angegangen werden.
- Wer die Modalitäten und den Ablauf kennt, baut damit Stress und Unsicherheit ab und kann sich auf das eigentliche Prüfungsgeschehen konzentrieren.

Als Quellen wurden vor allem Unterlagen aus IHK-Schulungen, Hinweise für Prüfer, Veröffentlichungen von DIHK und einzelnen IHKs sowie Erfahrungen aus anderen IHK-Prüfungen genutzt. Dadurch gehen nicht nur allgemeine Überlegungen, sondern die tatsächlichen Vorstellung von der Durchführung der Prüfung in die Darstellungen ein.

Autor und Verlag wünschen allen angehenden Bilanzbuchhalterinnen und Bilanzbuchhaltern viel Erfolg bei der anspruchsvollen Prüfung.

Köln, im April 2018

Hans J. Nicolini

---

[*] Verordnung über die Prüfung zum anerkannten Abschluss Geprüfter Bilanzbuchhalter/Geprüfte Bilanzbuchhalterin vom 18.10.2007 (BGBl 2007 I S. 2485), geändert durch Artikel 29 der Verordnung vom 25.8.2009 (BGBl 2009 I S. 2960).
[**] Verordnung über die Prüfung zum anerkannten Fortbildungsabschluss Geprüfter Bilanzbuchhalter und geprüfte Bilanzbuchhalterin (Bilanzbuchhalterprüfungsverordnung – BibuchhFPrV) vom 26.10.2015 (BGBl 2015 I S. 1819 ff.).
[***] Piel u. a., Prüfungsvorbereitung Geprüfte Bilanzbuchhalter, hrsg. von der DIHK-Gesellschaft für berufliche Bildung, Bonn 2013, S. 8.

INHALTSVERZEICHNIS

Vorwort zur 5. Auflage	V
Inhaltsverzeichnis	VII
Abkürzungsverzeichnis	XI

I. ORGANISATION DER MÜNDLICHEN PRÜFUNG — 1

1. Zulassung — 1
2. Prüfungsziele — 1
3. Prüfungsteile — 1
   - 3.1 Einladung — 2
   - 3.2 Rahmenbedingungen — 2
     - 3.2.1 Inhaltliche Rahmenbedingungen — 3
     - 3.2.2 Methodische Rahmenbedingungen — 3
     - 3.2.3 Organisatorische Rahmenbedingungen — 3
     - 3.2.4 Rechtliche Rahmenbedingungen — 4
   - 3.3 Prüfungsausschüsse — 4
4. Rücktritt — 6

II. PRÄSENTATION AUSARBEITEN — 7

1. Aufgabenstellung — 7
   - 1.1 Anforderungen — 7
   - 1.2 Rechtsstand — 8
2. Clevere Themenwahl — 8
3. Mitteilung des Präsentationsthemas — 10
4. Gliederung — 12
   - 4.1 Formale Gliederungsmöglichkeiten — 12
   - 4.2 Entwicklung der konkreten Gliederung — 14
     - 4.2.1 Einleitung — 14
     - 4.2.2 Hauptteil — 15
     - 4.2.3 Schluss — 15
       - 4.2.3.1 Fazit — 16
       - 4.2.3.2 Ausblick — 16
5. Visualisierung — 16
   - 5.1 Visualisierungsregeln — 17
   - 5.2 Medienwahl — 17
     - 5.2.1 Pinnwand — 18
     - 5.2.2 Flipchart — 19
     - 5.2.3 Tageslichtprojektor — 20
     - 5.2.4 Beamer — 27
       - 5.2.4.1 Foliengestaltung (Beamer) — 27
       - 5.2.4.2 Master — 28
       - 5.2.4.3 Animation — 28
       - 5.2.4.4 Hintergrund — 29
       - 5.2.4.5 Blättern — 29
       - 5.2.4.6 Presenter — 29

				Seite
		5.2.4.7	Pfeiltasten	29
		5.2.4.8	Miniaturansicht	29
	5.2.5	Visualizer		30
	5.2.6	Handout		31
5.3	Zusammenfassung			32
6. Zeiteinteilung				33
7. Spickzettel				33

III. PRÄSENTATION DURCHFÜHREN — 35

1. Kommunikation — 35
   - 1.1 Vorbereitende Überlegungen — 35
     - 1.1.1 Kleidung — 35
     - 1.1.2 Nervosität — 36
   - 1.2 Allgemeine Regeln — 37
     - 1.2.1 Zeiteinteilung — 37
     - 1.2.2 Blickkontakt — 37
     - 1.2.3 Sprache — 38
   - 1.3 Unterstützende Körpersprache — 40
     - 1.3.1 Gestik — 41
     - 1.3.2 Mimik — 41
   - 1.4 Auflockerung der Präsentation — 42
   - 1.5 Was gar nicht geht — 42
2. Bewertung der Präsentation — 43

IV. FACHGESPRÄCH — 45

1. Kommunikationsform — 45
2. Ziele und Aufgaben — 46
3. Formen — 47
   - 3.1 Fallbezogenes Fachgespräch — 47
   - 3.2 Auftragsbezogenes Fachgespräch — 48
   - 3.3 Situatives Fachgespräch — 48
4. Fragen zur Vorbereitung auf das Fachgespräch — 48
   - 4.1 Isolierte Fragen — 49
     - 4.1.1 Geschäftsvorfälle erfassen und nach Rechnungslegungsvorschriften zu Abschlüssen führen — 50
       - 4.1.1.1 Typische Fragen — 50
       - 4.1.1.2 Lösungsvorschläge zu den Fragen — 52
     - 4.1.2 Jahresabschlüsse aufbereiten und auswerten — 57
       - 4.1.2.1 Typische Fragen — 57
       - 4.1.2.2 Lösungsvorschläge zu den Fragen — 59
     - 4.1.3 Betriebliche Sachverhalte steuerlich darstellen — 63
       - 4.1.3.1 Typische Fragen — 63
       - 4.1.3.2 Lösungsvorschläge zu den Fragen — 64
     - 4.1.4 Finanzmanagement des Unternehmens wahrnehmen, gestalten und überwachen — 67
       - 4.1.4.1 Typische Fragen — 67
       - 4.1.4.2 Lösungsvorschläge zu den Fragen — 68
     - 4.1.5 Kosten- und Leistungsrechnung zielorientiert anwenden — 70
       - 4.1.5.1 Typische Fragen — 71
       - 4.1.5.2 Lösungsvorschläge zu den Fragen — 72

			Seite
4.1.6	Ein internes Kontrollsystem sicherstellen		74
	4.1.6.1 Typische Fragen		74
	4.1.6.2 Lösungsvorschläge zu den Fragen		74
4.1.7	Kommunikation, Führung und Zusammenarbeit mit internen und externen Partnern sicherstellen		76
	4.1.7.1 Typische Fragen		77
	4.1.7.2 Lösungsvorschläge zu den Fragen		77
4.2 Integrierte Fragen			78
5. Beurteilung des Fachgesprächs			83

V. BEWERTUNG DER MÜNDLICHEN PRÜFUNG — 85

1. Bestehen der Prüfung — 88
2. Wiederholung der mündlichen Prüfung — 89

VI. RECHTLICHE ASPEKTE — 91

1. Unzumutbare Bedingungen — 91
2. Täuschungsversuche — 91
3. Widerspruch — 92

VII. BEISPIELE — 95

1. Analyse der Anlagenintensität — 96
   - 1.1 Vorüberlegungen — 96
   - 1.2 Gliederung — 97
   - 1.3 Handout — 97
   - 1.4 Spickzettel — 98
   - 1.5 Folien — 99
   - 1.6 Kommentar — 101
   - 1.7 Mögliche Anschlussfragen — 101
   - 1.8 Weitere Anknüpfungspunkte — 102
2. Bilanzpolitik — 102
   - 2.1 Rahmenbedingungen — 102
   - 2.2 Vorüberlegungen — 104
   - 2.3 Handout — 104
   - 2.4 Gliederung — 104
   - 2.5 Spickzettel — 105
   - 2.6 Folien — 106
   - 2.7 Kommentar — 108
   - 2.8 Mögliche Anschlussfragen — 109
   - 2.9 Weitere Anknüpfungspunkte — 109
3. Beurteilung der Liquidität mit Kennziffern — 109
   - 3.1 Vorüberlegungen — 109
   - 3.2 Gliederung — 110
   - 3.3 Spickzettel — 111

		Seite
3.4	Folien	112
3.5	Kommentar	116
3.6	Mögliche Anschlussthemen	116
4.	Auswirkungen einer Leasing-Entscheidung	117
4.1	Vorüberlegungen	117
4.2	Gliederung	117
4.3	Handout	117
4.4	Spickzettel	118
4.5	Flipchart	118
4.6	Folien	119
4.7	Kommentar	121
4.8	Mögliche Anschlussfragen	121
4.9	Weitere Anknüpfungspunkte	121
5.	Ordentliches Betriebsergebnis	122
5.1	Handlungsorientierte Formulierung	122
5.2	Vorüberlegungen	122
5.3	Gliederung	123
5.4	Handout	123
5.5	Spickzettel	123
5.6	Folien	124
5.7	Kommentar	127
5.8	Mögliche Anschlussfragen	127
5.9	Weitere Anknüpfungspunkte	127
6.	Rentabilitäten	127
6.1	Aufgabenstellung	127
6.2	Vorüberlegungen	128
6.3	Gliederung	128
6.4	Handout	128
6.5	Spickzettel	129
6.6	Folien	130
6.7	Kommentar	132
6.8	Mögliche Anschlussfragen	132
6.9	Weitere Anknüpfungspunkte	132
VIII.	**ANHANG**	**133**

Stichwortverzeichnis — **137**

ABKÜRZUNGSVERZEICHNIS

A

Abb.	Abbildung
Abs.	Absatz
AG	Aktiengesellschaft
AK	Anschaffungskosten
AktG	Aktiengesetz
AO	Abgabenordnung
aRAP	aktiver Rechnungsabgrenzungsposten
Aufl.	Auflage
AV	Anlagevermögen

B

BA	Betriebsausgaben
BaFin	Bundesanstalt für Finanzdienstleistungsaufsicht
BBiG	Berufsbildungsgesetz
BE	Betriebsergebnis
BGBl	Bundesgesetzblatt
BibuchhFPrV	Bilanzbuchhalterprüfungsverordnung
BilMoG	Bilanzrechtsmodernisierungsgesetz
BilRUG	Bilanzrichtlinie-Umsetzungsgesetz
Buchst.	Buchstabe
BVerfG	Bundesverfassungsgericht
BvR	Aktenzeichen für Verfassungsbeschwerdeverfahren
bwl.	betriebswirtschaftlich
bzw.	beziehungsweise

C

ca.	circa
CF	Cashflow

D

d. h.	das heißt
DBA	Doppelbesteuerungsabkommen
DIHK	Deutscher Industrie- und Handelskammertag
DIN	Deutsches Institut für Normung
DQR	Deutscher Qualifikationsrahmen

E

EBIT	earnings before interest and taxes
EBITDA	earnings before interest, taxes, depreciation and amortization
EC	Electronic Cash
EFV-Lage	Ertrags-, Finanz- und Vermögenslage
EK	Eigenkapital

EStG	Einkommensteuergesetz
etc.	et cetera
EU	Europäische Union
evtl.	eventuell
EZB	Europäische Zentralbank

F

f./ff.	folgend/e
Fifo	First in – first-out
FK	Fremdkapital

G

gem.	gemäß
ggf.	gegebenenfalls
GK	Gesamtkapital
GoF	Geschäfts- oder Firmenwert
GuV	Gewinn- und Verlustrechnung

H

HB	Handelsbilanz
HGB	Handelsgesetzbuch
Hifo	Highest in – first out
HK	Herstellungskosten
hrsg.	herausgegeben
Hrsg.	Herausgeber
HV	Hauptversammlung

I

i. d. R.	in der Regel
i. H.	in Höhe
i. S.	im Sinne
IAS	International Accounting Standards
IDW	Institut der Wirtschaftsprüfer
IFRS	International Financial Reporting Standards
IHK	Industrie- und Handelskammer
IKS	Internes Kontrollsystem

J

JÜ	Jahresüberschuss

K

KFR	Kapitalflussrechnung
KG	Kommanditgesellschaft
KStG	Körperschaftsteuergesetz
kum.	kumuliert/e
kurzfr.	kurzfristig/e

L

Lifo	Last in – first out
LL	Lieferungen und Leistungen
Lofo	Lowest in – first out

M

max.	maximal/e
mbH	mit beschränkter Haftung
Min.	Minute/n
MS	Microsoft

N

Nr.	Nummer
NVwZ	Neue Zeitschrift für Verwaltungsrecht

O

o.O.	ohne Ort
OHG	Offene Handelsgesellschaft
OHP	Overheadprojektor
OVG	Oberverwaltungsgericht

P

PC	Personal Computer
Pkt.	Punkt
Pkw	Personenkraftwagen
PS	Prüfungsstandard

R

RAP	Rechnungsabgrenzungsposten
RoI	Return on Investment

S

S.	Seite/n
SAV	Sachanlagevermögen
StB	Steuerbilanz
StGB	Strafgesetzbuch

T

T	Tausend
Tz.	Textziffer

U

u.	und
u. a.	und andere/unter anderem
u. Ä.	und Ähnliche/s

Abkürzungen

US-GAAP	United States Generally Accepted Accounting Principles
USt	Umsatzsteuer
UStG	Umsatzsteuergesetz
usw.	und so weiter
UV	Umlaufvermögen

V

VG	Vermögensgegenstände
vGA	verdeckte Gewinnausschüttung
VGA	Video Graphics Array
vgl.	vergleiche
Vol.	Volume
vs.	versus

W

wg.	wegen

Z

z. B.	zum Beispiel

I. Organisation der mündlichen Prüfung

1. Zulassung

Tz. 1

Zur mündlichen Prüfung wird zugelassen, wer die schriftliche Prüfung bestanden hat[1], wenn also – ggf. auch nach einer Wiederholung der Klausuren – insgesamt eine ausreichende Leistung erzielt worden ist. Weil keine Ergänzungsprüfungen möglich sind, müssen bei den schriftlichen Leistungen mindestens 50 Punkte (= „ausreichend") erreicht worden sein. Die Punktzahl ergibt sich dabei als arithmetisches Mittel der Bewertungen der einzelnen Klausuren.

keine Ergänzungsprüfung mehr möglich

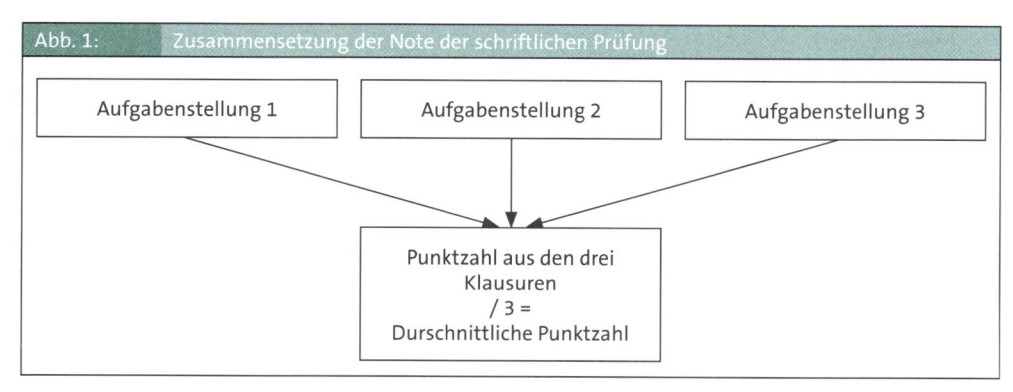

Abb. 1: Zusammensetzung der Note der schriftlichen Prüfung

Aufgabenstellung 1, Aufgabenstellung 2, Aufgabenstellung 3 → Punktzahl aus den drei Klausuren / 3 = Durchschnittliche Punktzahl

Abb. 2: Bewertung

Fall	Klausur 1	Klausur 2	Klausur 3	Ergebnis schriftliche Prüfung	
	Punkte			Ø Punkte	
1.	40	35	75	50	bestanden
2.	51	53	40	48	nicht bestanden
3.	67	30	50	49	nicht bestanden

2. Prüfungsziele

Tz. 2

Während die schriftliche Prüfung dem Nachweis der notwendigen Qualifikationen in den insgesamt sechs Handlungsbereichen dient, soll die mündliche Prüfung dem Prüfungsausschuss

Ziele der mündlichen Prüfung

▶ eine abgesicherte Grundlage für die Beurteilung der fachlichen Kenntnisse, Fertigkeiten und Erfahrungen,

▶ eine Vorstellung von den sozialen und kommunikativen Kompetenzen sowie

▶ einen Eindruck vom persönlichen Erscheinungsbild

des Teilnehmers vermitteln. Die Teilnehmer sollen die mündliche Prüfung als selbstgesteuerte Aufgabe verstehen, die sie aufgrund ihrer beruflichen Erfahrung eigenverantwortlich lösen.[2]

3. Prüfungsteile

Tz. 3

Die mündliche Prüfung besteht aus einer Präsentation und einem anschließenden Fachgespräch.

Bestandteile der mündlichen Prüfung

---

[1] § 6 Abs. 1 BibuchhFPrV.
[2] Vgl. *Beckers*, IHK-Handbuch für Prüfer, hrsg. von der DIHK-Gesellschaft für berufliche Bildung, Bonn 2014, S. 36.

I. Organisation der mündlichen Prüfung

Abb. 3:	Bestandteile der mündlichen Prüfung	
Vorbereitung	Präsentation	Fachgespräch
	15 Minuten	30 Minuten

(mit Verabschiedung am Ende)

Tz. 4

Dauer der Präsentation

Die Prüfungsverordnung regelt eindeutig: „Die Präsentationszeit soll nicht länger als 15 Minuten dauern."[3]

Damit darf die Präsentation zwar kürzer, aber keinesfalls länger sein als 15 Minuten. Allerdings ist dringend zu raten, die mögliche Zeit im eigenen Interesse auch auszunutzen. Die Präsentation wirkt sonst oberflächlich und unzureichend vorbereitet.

> **TIPP**
> Die Zeiteinteilung muss unbedingt geübt werden. Das geht nur, wenn vor Zuhörern vorgetragen wird: Ein gesprochener Text nimmt mehr Zeit in Anspruch als ein nur „in Gedanken" vorgetragener.
> Üben Sie Ihre Präsentation mehrfach vor Zuhörern.

Tz. 5

Dauer des Fachgesprächs

Das Fachgespräch soll nicht länger als 30 Minuten dauern.[4] „Soll" bedeutet hier, dass die halbe Stunde genau eingehalten und protokolliert werden muss.

3.1 Einladung

Tz. 6

Einladung

Etwa zehn bis 14 Tage vor ihrer mündlichen Prüfung erhalten die zugelassenen Teilnehmer eine Mitteilung über den genauen Termin und den Ort der Prüfung. Die oft als kurzfristig empfundene Benachrichtigung ist keine Willkür, sie ergibt sich durch die notwendigen organisatorischen Vorbereitungen, die – auch im Interesse der Teilnehmer – sehr umfangreich sein können.

Tz. 7

Anreise

Erscheinen Sie pünktlich zur Prüfung. Für die Anreise sollte ein genügend großer Zeitpuffer berücksichtigt werden. Die Nervosität steigt und die Konzentrationsfähigkeit leidet, wenn z. B. durch Staus oder die Suche nach einem Parkplatz das rechtzeitige Eintreffen gefährdet erscheint.

Verspätung

Die Prüfungsausschüsse reagieren aber im Allgemeinen verständnisvoll und versuchen, auch bei einer unverschuldeten Verspätung die Prüfung noch zu ermöglichen. Das kann aber dann auch zu einer späteren Uhrzeit sein als ursprünglich vorgesehen.

> **TIPP**
> Die mündlichen Prüfungen finden nicht in allen Fällen im Gebäude der IHK statt, manchmal werden zusätzliche Räume angemietet. Kontrollieren Sie deshalb die Einladung daraufhin, damit Sie nicht irrtümlich zu einem falschen Ort fahren und dadurch nicht nur Zeit verlieren, sondern auch unnötigen Stress aufbauen.

Tz. 8

Treffpunkt

Ein Warteraum steht in aller Regel nicht zur Verfügung, die Teilnehmer warten dann auf dem Flur vor dem angegebenen Prüfungsraum. Sie werden zum Prüfungsbeginn hineingebeten.

3.2 Rahmenbedingungen

Tz. 9

Bestimmungsfaktoren

Der Ablauf der mündlichen Prüfung wird durch inhaltliche, methodische, organisatorische und rechtliche Faktoren bestimmt.[5]

---

3 § 6 Abs. 5 BibuchhFPrV.
4 § 6 Abs. 6 BibuchhFPrV.
5 Vgl. *Beckers*, IHK-Handbuch für Prüfer, hrsg. von der DIHK-Gesellschaft für berufliche Bildung, Bonn 2014, S. 37.

3. Prüfungsteile

Abb. 4: Bestimmungsfaktoren der mündlichen Prüfung

```
         Bestimmungsfaktoren der mündlichen Prüfung
         ┌──────────┬──────────────┬──────────────────┬──────────┐
         ▼          ▼              ▼                  ▼
    inhaltliche  methodische  organisatorische   rechtliche
```

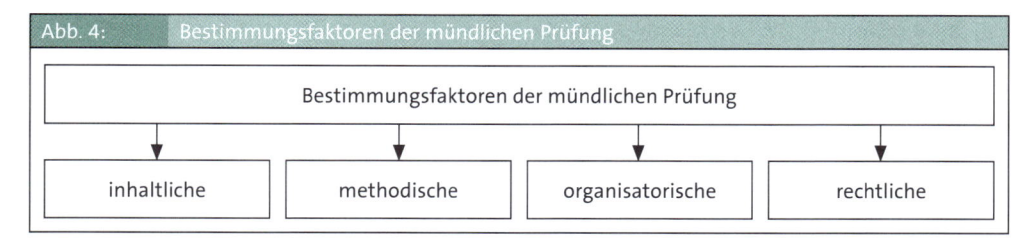

Bei einer überzeugenden mündlichen Prüfung müssen alle vier Komponenten angemessen berücksichtigt werden.

3.2.1 Inhaltliche Rahmenbedingungen

Tz. 10

Das Thema der Präsentation muss aus dem Handlungsbereich „Jahresabschlüsse aufbereiten und auswerten" stammen[6]. Die Teilnehmer können das Thema selbst bestimmen. Zum Termin der dritten schriftlichen Prüfungsleistung muss es bei der IHK eingereicht werden.

Thema selbst bestimmen

> Das eingereichte Thema nehmen die Prüfungsausschüsse lediglich zur Kenntnis. Es gibt keinerlei Rückmeldung. Das gilt auch dann, wenn das eingereichte Thema als ungeeignet angesehen wird.

HINWEIS

3.2.2 Methodische Rahmenbedingungen

Tz. 11

Bei einer Präsentation soll ein Vortrag mithilfe von Medien visuell unterstützt werden. Die Teilnehmer sollen ohne Unterbrechung vonseiten der Prüfer eine durchgehende Prüfungsleistung zeigen. Fragen oder gar fachliche Diskussionen dürfen die Leistung nicht stören, sie bleiben dem Fachgespräch vorbehalten.

visuelle Unterstützung

Tz. 12

Das Fachgespräch soll kein reines Abfragen von auswendig gelerntem Wissen sein, der Charakter einer Ergänzungsprüfung muss vermieden werden. Im Idealfall entwickelt sich ein fachliches Gespräch „auf Augenhöhe" unter Fachleuten.

kein reines Abfragen

3.2.3 Organisatorische Rahmenbedingungen

Tz. 13

Die Räume, in denen die Prüfungen stattfinden, sind naturgemäß sehr unterschiedlich. Größere IHKs haben oft eigene Prüfungsräume oder eigene Prüfungszentren.

Prüfungsraum

Die Ausstattung ist im Allgemeinen sachlich mit üblichen Büromöbeln. Eine typische Anordnung zeigt die Skizze:

---

6 § 6 Abs. 5 BibuchhFPrV.

I. Organisation der mündlichen Prüfung

Abb. 5: Typischer Prüfungsraum

- Projektionsfläche
- Flipchart
- Prüfertisch

HINWEIS

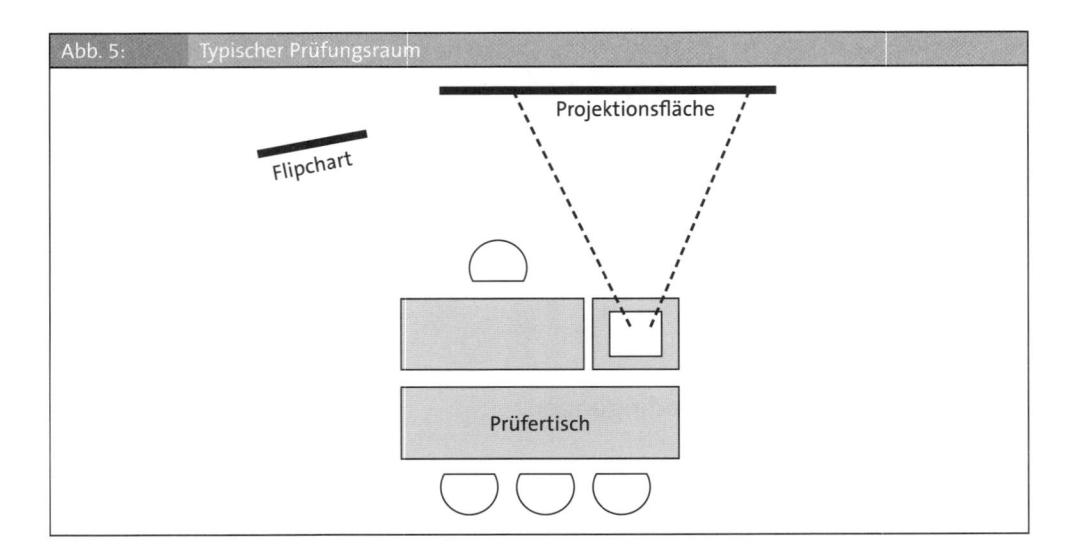

Hilfsmittel, die keinen Täuschungsversuch ermöglichen, können mit in den Prüfungsraum gebracht werden. Sinnvoll sind eine große Uhr und – abhängig von der Art der Präsentation – Stifte, Lineal und ein Laserpointer.

3.2.4 Rechtliche Rahmenbedingungen

Tz. 14

§ 53 BBiG

Die Prüfung wird nach einer Verordnung durchgeführt, die am 26.10.2015 von der Bundesministerin für Bildung und Forschung erlassen worden ist. Sie ist für die Industrie- und Handelskammern bindend wie ein Gesetz. Grundlage für die Prüfungsverordnung ist § 53 Berufsbildungsgesetz (BBiG).

LITERATUR

§ 53 Abs. 1 BBiG: „Als Grundlage für eine einheitliche berufliche Fortbildung kann das Bundesministerium für Bildung und Forschung ... nach Anhörung des Hauptausschusses des Bundesinstituts für Berufsbildung durch Rechtsverordnung ... Fortbildungsabschlüsse anerkennen und hierfür Prüfungsregelungen erlassen (Fortbildungsordnung)."

Tz. 15

Identifizierung

Vor Beginn der Prüfung muss sich jeder Teilnehmer ausweisen, damit seine Identität festgestellt werden kann. Ein gültiger Ausweis und das Einladungsschreiben müssen vorgelegt werden. Es wird außerdem nach dem Gesundheitszustand gefragt, um späteren Anfechtungen wegen gesundheitlicher Einschränkungen vorzubeugen.

Tz. 16

Belehrung

Die Teilnehmer werden vor Beginn der Prüfung über die zur Verfügung stehende Zeit, die erlaubten Arbeits- und Hilfsmittel, die Folgen von Täuschungshandlungen, Ordnungsverstößen, Rücktritt und Nichtteilnahme belehrt.[7]

3.3 Prüfungsausschüsse

Tz. 17

mindestens drei Prüfer

Die Prüfungsausschüsse sind ein Organ der Industrie- und Handelskammern, die zur verantwortlichen Ermittlung und Bewertung der Prüfungsleistungen errichtet werden. Sie bestehen aus mindesten drei Prüfern – und selten auch Prüferinnen. Das ergibt sich aus der Regelung, dass jedem Prüfungsausschuss Beauftragte der Arbeitgeber und Arbeitnehmer in gleicher Zahl sowie mindestens ein Dozent eines Weiterbildungsträgers angehören.[8] Aus diesem Grund müssen immer mindestens drei Prüfer anwesend sein.

---

[7] Viele Prüfungsausschüsse halten diese Belehrung sehr kurz oder verzichten ganz darauf. Das erscheint in den weitaus meisten Fällen vertretbar.
[8] Vgl. § 56 BBiG.

3. Prüfungsteile

Tz. 18
Größere Prüfungsausschüsse können gebildet werden, wenn es aus sachlichen Erwägungen sinnvoll erscheint, z. B. damit auch alle Fächer kompetent geprüft werden können.

Abb. 6:	Zusammensetzung des Prüfungsausschusses[9]		
	AG	AN	L
Mindestbesetzung	1	1	1
5er-Ausschuss	2	2	1
6er-Ausschuss	2	2	2

Gelegentlich entspricht die Zahl der Anwesenden trotzdem nicht den Darstellungen in der Abbildung. Dann ist i. d. R. ein Hospitant anwesend: Um neue Prüfer zu gewinnen und in die Arbeit einzuführen, ermöglichen die IHKs potenziellen Prüfern, zunächst einmal als Gast zuzuhören. Diese Personen dürfen nicht an den Beratungen und auch nicht an der Notenfindung teilnehmen. Die Teilnehmer müssen der Anwesenheit dieser Personen zustimmen.

HINWEIS

Tz. 19
Die Prüfer (insgesamt mehr als 180.000 in ca. 50.000 Prüfungsausschüssen[10]) sind ehrenamtlich tätig und erhalten lediglich eine geringe Aufwandsentschädigung. Sie sind i. d. R. schon viele Jahre tätig, etwa die Hälfte haben schon mehr als zehn Jahre Erfahrung, d. h. sie waren bereits bei mindestens 20 Prüfungsterminen anwesend.

Ehrenamt

Tz. 20
Prüfer müssen „für die Prüfungsgebiete sachkundig" sein, also über die erforderlichen Kenntnisse, Fähigkeiten und Erfahrungen verfügen. Für „die Mitwirkung im Prüfungswesen geeignet" ist,[11] wer

► berufs- und arbeitspädagogische Kenntnisse und Erfahrungen hat,
► über Bereitschaft zur Weiterbildung verfügt,
► menschliche Reife und Verantwortungsbewusstsein besitzt,
► Prüfungsergebnisse kompetent feststellen und bewerten kann,
► zeitlich ausreichend für die Prüfungstermine verfügbar und
► verschwiegen ist.[12]

sachkundige Prüfer

Alle Prüfungsausschüsse prüfen großzügig und wohlwollend. Eine – von Teilnehmern immer wieder vermutete – vorgegebene Durchfallquote gibt es nicht.

HINWEIS

Tz. 21
Über die Präsentation und das anschließende Fachgespräch fertigt der Prüfungsausschuss ein Protokoll an, das Bestandteil der Prüfungsakte wird. Darin werden stichwortartig die relevanten Aufgabenstellungen und die Leistungen des Prüfungsteilnehmers erfasst. Zur Gewährleistung des Rechtsschutzes ist ein Ergebnisprotokoll ausreichend, ein Wortprotokoll ist nicht erforderlich.[13]

Protokoll

Tz. 22
Es hat drei hauptsächliche Funktionen:

► Bei der Beratung zur Notenfindung sind nach der Prüfung der Verlauf und die fachlichen Aspekte leicht rekonstruierbar. Das führt in vielen Fällen zu einer besseren Einschätzung

---

9 Vgl. *Beckers*, IHK-Handbuch für Prüfer, hrsg. von der DIHK-Gesellschaft für berufliche Bildung – Organisation zur Förderung der IHK-Weiterbildung mbH, Bonn 2014, S. 18 ff.
10 *Kurlfinke*, Prüfer bei der IHK – warum eigentlich?, in: PrüfungsPraxis Nr. 48, o. O. (Bonn) 2012, S. 24.
11 Vgl. *Hindenberg/Löffelholz*, Prüfer werben Prüfer, in: PrüfungsPraxis Nr. 51, o. O. (Bonn) 2013, S. 16 ff.
12 *Beckers*, IHK-Handbuch für Prüfer, hrsg. von der DIHK-Gesellschaft für berufliche Bildung – Organisation zur Förderung der IHK-Weiterbildung mbH, Bonn 2014, S. 20.
13 BVerfG vom 14. 2. 1996 – 1 BvR 961/94, NVwZ 1997 S. 263.

als aus dem Gedächtnis, weil man Fehler stärker in Erinnerung behält als die erwarteten richtigen Antworten.

▶ Das Prüfungsprotokoll ist Grundlage für den Prüfungsbescheid. Es muss von allen beteiligten Prüfern unterzeichnet werden.

▶ Im Falle eines Widerspruchs ist das Protokoll Grundlage für die rechtliche Würdigung.

4. Rücktritt

Tz. 23

Rücktritt

Die Teilnehmer sollen in einer körperlich und seelisch guten Verfassung sein, um ihre Fähigkeiten in der Prüfung zeigen zu können.[14] Wenn jemand die Prüfung nicht antreten kann, muss zwar im Einzelfall über den Rücktritt entschieden werden, aber aus § 23 der Prüfungsverordnung für die Durchführung von Abschluss- und Umschulungsprüfungen[15] ergeben sich eindeutige Regeln:

Tz. 24

vor der Prüfung

Vor Beginn der Prüfung ist ein Rücktritt durch schriftliche Erklärung möglich. Der späteste Termin ist also am ersten Prüfungstag im Prüfungsraum, aber noch vor Beginn der Prüfung. Das ist folgenlos, die Prüfung kann dann zu einem späteren Zeitpunkt abgelegt werden.[16]

Tz. 25

nach Beginn der Prüfung

Nach Beginn der Prüfung führen Rücktritt oder Nichtteilnahme – wenn kein wichtiger Grund vorliegt – zum Nichtbestehen der Prüfung.

Tz. 26

wichtiger Grund

Liegt ein wichtiger Grund für einen Rücktritt vor, muss er unverzüglich mitgeteilt und auch nachgewiesen werden. Es wird dann eine Einzelfallentscheidung getroffen.

Der häufigste Fall ist Krankheit. Dann ist ein aussagefähiges ärztliches Attest[17] erforderlich, in dem die objektive Prüfungsunfähigkeit bescheinigt wird. Bezüglich der Schwere und des Umfangs der körperlichen oder psychischen Auswirkungen (nicht aber bezüglich der Diagnose) muss dazu der Arzt von der Schweigepflicht befreit werden. Erfolgt der Rücktritt aus wichtigem Grund, wenn bereits selbstständige Prüfungsleistungen (z. B. Klausuren) erbracht worden sind, ist die Prüfung nur unterbrochen und kann später fortgesetzt werden. Die erbrachten Leistungen werden dann angerechnet.

HINWEIS

Eine Arbeitsunfähigkeitsbescheinigung ist nicht ausreichend.[18]

Tz. 27

kein wichtiger Grund

Liegt kein wichtiger Grund vor, wird der Prüfungsteil bei Nichtteilnahme mit 0 Punkten gewertet und ist damit nicht bestanden. Teilnehmer müssen alles Zumutbare unternehmen, um an den festgesetzten Terminen an der Prüfung teilnehmen zu können.

BEISPIELE

Ein Stau bei der Anreise mit dem Pkw ist kein wichtiger Grund.[19] Bei einem absehbaren Bahnstreik müssen andere Verkehrsmittel genutzt werden.[20]

Tz. 28

In jedem Einzelfall ist die Zumutbarkeit für die Teilnehmer mit dem Aufwand für die Prüfer und die Organisation bei der IHK abzuwägen.

HINWEIS

Ein Rücktritt muss in jedem Falle schriftlich erfolgen.

---

14 Vgl. zum Folgenden *Weibert*, Wenn der Prüfling krank wird, in: PrüfungsPraxis Nr. 46, o. O. (Bonn) 2011, S. 17 ff.
15 Die Prüfungsverordnungen für die Durchführung von Abschluss- und Umschulungsprüfungen werden nach § 47 Abs. 1 Satz 1 und § 79 Abs. 4 Satz 1 des Berufsbildungsgesetzes vom 23. 3. 2005 (BGBl 2005 I S. 931) von den Industrie- und Handelskammern erlassen.
16 *Bayer*, Wer nicht kommt, den bestraft das Leben – nicht immer!, in: Prüfer, Nr. 3, Bonn 2012.
17 Bei den IHKs ist ein „Formular für die Bescheinigung der Prüfungsunfähigkeit – Ärztliches Attest –" erhältlich. Eine formlose Bescheinigung wird akzeptiert, wenn sie die notwendigen Punkte enthält.
18 *Piel*, u. a., Prüfungsvorbereitung Geprüfte Bilanzbuchhalter, hrsg. von der DIHK-Gesellschaft für berufliche Bildung, Bonn 2013, S. 9.
19 *Lange*, Auslegung unbestimmter Rechtsbegriffe, in: PrüfungsPraxis Nr. 50, o. O. (Bonn) 2013, S. 20.
20 *Bayer*, Wer nicht kommt, den bestraft das Leben – nicht immer!, in: Prüfer, Nr. 3, Bonn 2012.

II. Präsentation ausarbeiten

Tz. 29
Eine Präsentation ist ein mündlicher Vortrag, bei dem strukturierte Inhalte unter Verwendung visueller Hilfsmittel zielgerichtet aufbereitet und vermittelt werden. Ziel ist die Information und Überzeugung der Zuhörer.

Tz. 30
Hilfreich ist dabei die Orientierung an dem AIDA-Modell:[21]

AIDA

A	Attention	Aufmerksamkeit	Aufmerksamkeit der Prüfer erreichen
I	Interest	Interesse	Interesse für das Thema wecken
D	Desire	Verlangen	Wunsch nach mehr Informationen wecken
A	Action	Darstellung	Thematische Bearbeitung des Themas

> Überprüfen Sie, ob die inhaltliche Struktur Ihrer Präsentation und Ihre Argumentationen jederzeit kompatibel und zielführend sind.

TIPP

Tz. 31
Dem Prüfungsausschuss soll ein berufstypisches und realitätsnahes komplexes Problem in freier Rede und ohne Unterbrechungen erläutert werden. Zur Unterstützung werden geeignete zielgruppenbezogene Präsentationstechniken eingesetzt. Die Bewertung bezieht sich auf

berufstypisches und realitätsnahes Problem

- die fachliche Kompetenz,
- die kommunikative Kompetenz,
- die zielgruppengerechte Verwendung der Fachsprache,
- die Auswahl der Präsentationsmedien,
- die Art der Visualisierung,
- den Einsatz der Präsentationsmittel,
- die Einhaltung der Zeitvorgabe.

1. Aufgabenstellung

Tz. 32
Bei der Präsentation soll unter realitätsnahen Bedingungen festgestellt werden, ob eine berufliche Aufgabenstellung zielgruppenbezogen, nachvollziehbar und richtig erläutert werden kann. Der Prüfungsteilnehmer soll nachweisen, dass er ein komplexes Problem der betrieblichen Praxis erfassen, darstellen, beurteilen und lösen kann.[22] Die Präsentation darf sich also nicht allein auf theoretische Erörterungen eines Problems beschränken, wie sie z. B. in Fachbüchern zu finden sind. Vielmehr muss ein Transfer enthalten sein, durch den der klare Bezug zur Umsetzung in der Praxis hergestellt wird.

Transfer muss enthalten sein

> Wenn eine Fragestellung diskutiert wird, die aus dem eigenen Unternehmen bekannt ist, wird die Ausarbeitung erheblich erleichtert. Weil Details durch den Prüfungsausschuss nicht genau nachgeprüft werden können, können trotzdem eigene Vorstellungen einfließen.

TIPP

1.1 Anforderungen

Tz. 33
Das Präsentationsthema muss aus dem Handlungsbereich „Jahresabschlüsse aufbereiten und auswerten" stammen.[23]

Handlungsbereich „Jahresabschlüsse aufbereiten und auswerten"

Berechnungen stehen dabei nicht im Vordergrund, sprachliche und visuelle Darstellung, Körpersprache, Gestik und Mimik und besonders eine logische Argumentationsführung sind wich-

---

21 *Lewis*, Catch-Line and Argument, in: The Book-Keeper, Vol. 15, 1903, S. 124.
22 § 6 Abs. 5 Satz 1 BibuchhFPrV.
23 § 6 Abs. 5 BibuchhFPrV.

tigere Beurteilungskriterien. Bei der Formulierung des Themas ist deshalb auch darauf zu achten, dass es überzeugend dargestellt bzw. vorgetragen werden kann.

1.2 Rechtsstand

Tz. 34

31.12. des Vorjahres

Die schriftliche Prüfung erfolgt jeweils nach dem Rechtsstand des 31.12. des Vorjahres, in der mündlichen Prüfung kann aber auch auf die aktuelle Rechtslage Bezug genommen werden. Bei der Ausarbeitung der Präsentation muss deshalb insbesondere darauf geachtet werden, dass keine veralteten Gesetze benutzt werden.

2. Clevere Themenwahl

Tz. 35

Das Thema der Präsentation wird von dem Prüfungsteilnehmer selbst gewählt. Deshalb sind strategische Überlegungen im Hinblick auf das Bestehen der Prüfung nicht nur möglich, sondern selbstverständlich. Die Auswahl sollte also im Hinblick auf gut bekannte Probleme aus der betrieblichen Praxis und eine überzeugende Präsentationsmöglichkeit getroffen werden.

Tz. 36

keine umfangreichen Themen

Kleine, übersichtliche, konkrete Fragestellungen sind besser darstellbar als vielleicht besonders interessante und wichtige, aber umfangreiche Probleme.

Ungeschickte Themen	Bessere Themen
Die EK-Quote als Informationsquelle	Die Gestaltung der EK-Quote im Hinblick auf die Interessen der Adressaten des Jahresabschlusses der Rot AG
Aussagefähigkeit von Deckungsgraden	Einsatz der Kennzahl „Deckungsgrade" zur Finanzplanung bei der Blau-AG
Diskussion der Kennzahl „Anlagenintensität"	Vor- und Nachteile einer hohen Anlagenintensität, dargestellt am Beispiel der Tungsten AG
Erstellung einer Strukturbilanz	Probleme bei der Aufbereitung der Bilanz der Grün AG

Sehr konkrete Themen sind einfacher zu bearbeiten, bieten logische Strukturierungsmöglichkeiten, ermöglichen Angebote für das anschließende Fachgespräch – und ihre Bearbeitung ist weniger angreifbar.

Tz. 37

Grundsätzlich muss entschieden werden, ob ein allgemeines theoretisches Thema oder ein konkretes aus dem beruflichen Umfeld gewählt wird.

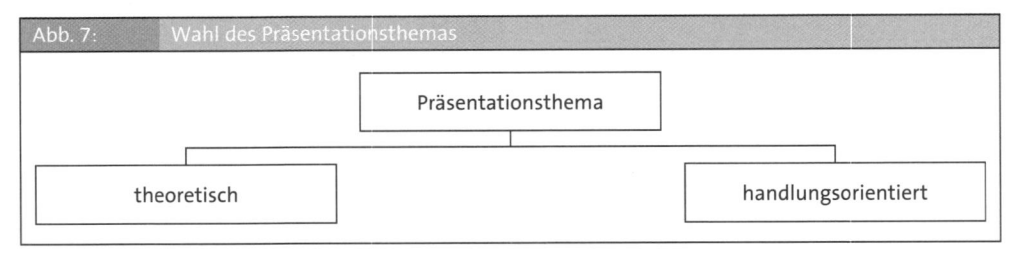

Abb. 7: Wahl des Präsentationsthemas

Präsentationsthema
- theoretisch
- handlungsorientiert

Tz. 38

theoretisches Thema

Bei einem theoretischen Thema steht einerseits umfangreiche Literatur zur Verfügung, es ist den Prüfern bekannt und das Ergebnis ist vorgegeben. Andererseits kann es nur schwer spannend gestaltet werden und wird eher langweilig wirken.
Zwei Vorgehensweisen bieten sich an:

- Eine Kennzahl wird ausführlich vorgestellt und diskutiert (z. B. Anlagenintensität oder Eigenkapitalquote).
- Die Lösungsalternativen bei einer Fragestellung werden im Hinblick auf ihre Auswirkungen auf den Jahresabschluss dargestellt (z. B. Ansatzwahlrechte).

Tz. 39

Ein handlungsorientiertes Thema wirkt einerseits interessant, weckt Neugier und die Inhalte sind letztlich nicht nachprüfbar. Das kann aber andererseits zu gezielten Nachfragen führen. Weil die betriebliche Situation nicht in die Bewertung einbezogen werden kann, ergibt sich die Bewertung erst aus der gemeinsamen Beurteilung der Präsentation und des daran anknüpfenden Fachgesprächs.[24]

handlungsorientiertes Thema

Obwohl die Prüfungsverordnung dazu keine Aussage macht, ergibt sich aus dem Gesamtzusammenhang die Empfehlung, ein handlungsorientiertes Thema aus dem beruflichen Umfeld zu wählen. Weil der Prüfungsteilnehmer nachweisen soll, dass er „in der Lage ist, ein komplexes Problem der betrieblichen Praxis zu erfassen, darzustellen, zu beurteilen und zu lösen"[25], ist es sinnvoll, auch zunächst ausgewählte theoretische Themen handlungsorientiert umzuformulieren.

Empfehlung: handlungsorientiertes Thema

Theoretische Themen	Handlungsorientierte Themen
Beurteilung der Unternehmensliquidität mithilfe von Kennzahlen	Als Assistent der Geschäftsleitung erhalte ich den Auftrag, die Liquidität der Gelb AG zu beurteilen und dem Geschäftsführer Handlungsempfehlungen zu geben.
Erfolgsspaltung als Instrument der GuV-Analyse	Der Vorstand der Schwarz AG beauftragt mich, eine Analyse der GuV vorzunehmen und nach Erfolgsquellen zu differenzieren.
Änderungen für die Jahresabschlussanalyse bei Einführung von IFRS	Der Vorstand der Weiss AG beauftragt mich darzustellen, welche Folgen sich bei der Jahresabschlussanalyse aus der Einführung von IFRS ergeben.
Maßnahmen zur Erstellung einer Strukturbilanz	Ich bin aufgefordert, einem Auszubildenden die Entwicklung einer Strukturbilanz zu erläutern.

BEISPIELE

Tz. 40

Bei der Formulierung eines handlungsorientierten Themas können Einstiege wie

Einstieg

- „Ich bin von der Geschäftsleitung beauftragt, …"
- „In meiner Funktion als Assistent/-in des Vorstandes soll ich …"
- „Ich soll den Mitarbeitern der Abteilung eine Einführung geben in …"

u. Ä. hilfreich sein.

> Überprüfen Sie Ihr gewähltes Thema auf jeden Fall nochmals anhand des Rahmenplans. Es wäre mehr als ärgerlich, wenn Ihre Präsentation die Grundbedingung nicht erfüllen würde, nämlich aus dem Handlungsbereich „Jahresabschlüsse aufbereiten und auswerten" zu stammen.

TIPP

Tz. 41

Die Prüfer müssen gegenüber Dritten über alle Prüfungsvorgänge Verschwiegenheit wahren. Die Geheimhaltung betrifft selbstverständlich auch vertrauliche Informationen, die Teilnehmer in ihrer Präsentation verarbeitet haben.

Verschwiegenheitpflicht

Unter Umständen kann sich daraus sogar eine Schadenersatzpflicht ergeben.

> Besprechen Sie vorsichtshalber mit Ihrem Arbeitgeber, welche internen Informationen Sie für Ihre Präsentation nutzen dürfen.

TIPP

---

24 *Meiser*, Bewertung des Fachgespräches nach Präsentation und Bewertung von Projektarbeiten, in: PrüfungsPraxis Nr. 5, o. O. (Bonn) 2016, S. 5.
25 § 6 Abs. 5 Satz 1 BibuchhFPrV.

II. Präsentation ausarbeiten

3. Mitteilung des Präsentationsthemas

Tz. 42

Thema frühzeitig einreichen

Das Thema der Präsentation muss frühzeitig, nämlich „zum Termin der dritten schriftlichen Prüfungsleistung"[26] eingereicht werden. Die Termine für die nächsten Prüfungen liegen bereits fest:[27]

Abb. 8:	Termine der dritten schriftlichen Prüfungsleistung	
	Frühjahrsprüfung	**Herbstprüfung**
2018	23. April	15. Oktober
2019	15. April	23. September
2020	17. März	21. September

Tz. 43

bei Wiederholungsprüfung Thema nochmal einreichen

Das Thema muss also bereits zu einem Zeitpunkt feststehen, an dem die schriftliche Prüfung noch nicht beendet ist, d. h. die Ergebnisse können noch nicht vorliegen und folglich ist nicht sicher, ob die schriftliche Prüfung bestanden wird und die Präsentation überhaupt zu diesem Prüfungstermin vorgetragen werden kann. Bei einer Wiederholungsprüfung könnte dann allerdings dasselbe Thema nochmals eingereicht werden.

> **TIPP**
>
> Diese Regelung stellt eine besondere Herausforderung für das Selbst- und Zeitmanagement dar:
>
> Die Wochen unmittelbar vor der schriftlichen Prüfung sind besonders arbeitsintensiv, weil in der Vorbereitungszeit praktisch alle Prüfungsthemen nochmals wiederholt werden. Zusätzlich soll auch noch das Thema der Präsentation eingereicht und jedenfalls in seinen Grundzügen (mit Kurzbeschreibung und Gliederung!) ausgearbeitet sein.
>
> Bei einer optimalen persönlichen Organisation der Prüfung muss deshalb das Thema der Präsentation sehr frühzeitig festgelegt werden. Auf keinen Fall darf es unmittelbar vor den Klausuren zu einer Kumulation der Vorbereitung der schriftlichen Prüfung und der Ausarbeitung der Präsentation kommen.

Tz. 44

zwei ergänzende Elemente

Die Mitteilung des Themas an den Prüfungsausschuss muss zwei ergänzende Elemente enthalten:[28]

1. **Kurzbeschreibung der Problemstellung:** Auf nicht mehr als einer DIN-A4-Seite wird das Thema so weit beschrieben, dass sich der Prüfungsausschuss auf die Präsentation inhaltlich vorbereiten kann.

2. **Gliederung:** Durch die Gliederung wird sichergestellt, dass bereits zu diesem Zeitpunkt ein ausgearbeitetes Konzept der Präsentation vorliegt. Der Teilnehmer muss sich also frühzeitig mit den Inhalten seiner Präsentation auseinandersetzen.

Tz. 45

Vordrucke

In welcher Form genau das Präsentationsthema eingereicht werden muss, bleibt jeder IHK überlassen. Viele stellen zur Vereinfachung der Abläufe einen (jeweils anderen) Vordruck zur Verfügung.

> **HINWEIS**
>
> Die Prüfungsverordnung sieht nicht vor, dass das eingereichte Präsentationsthema geprüft oder zugelassen wird. Die Teilnehmer erhalten keinerlei Rückmeldung durch den Prüfungsausschuss. Sie sind selbst verantwortlich dafür, dass die Anforderungen der Prüfungsverordnung erfüllt werden.
>
> Das gilt auch dann, wenn das eingereichte Thema ungeeignet ist.

---

26 § 6 Abs. 5 BibuchhFPrV.
27 *DIHK*, Bundeseinheitliche Prüfungstermine 2016–2020, o. O. (Bonn), 2015.
28 § 6 Abs. 5 BibuchhFPrV.

3. Mitteilung des Präsentationsthemas

Tz. 46

Dieser Themenvorschlag entspricht nicht den Anforderungen des § 6 Abs. 5 Satz 1 der Prüfungsverordnung:

BEISPIEL 1

IHK Industrie- und Handelskammer zu Köln

Geprüfte/-r Bilanzbuchhalter / - in
Themenmeldebogen der Präsentation

Prüfungs-Nr. [_____]

Name, Vorname [_____]

Die Themenstellung muss sich auf den Handlungsbereich <u>Jahresabschlüsse aufbereiten und auswerten</u> nach § 6 Absatz 5 der Verordnung beziehen.

Thema:

Wie erkenne ich an einem veröffentlichten Jahresabschluss, ob ein Unternehmen als potentieller Arbeitgeber geeignet ist?

→ *Das ist kein komplexes Problem der betrieblichen Praxis*

Kurzbeschreibung:

Am Beispiel der Bewerbungs-AG werde ich aufzeigen wie die Daten aus dem Jahresabschluss aufbereitet werden um Kennzahlen zu berechnen und zu analysieren und um daraus zu beurteilen ob die Ertrags- und Finanzlage sowie die Zukunftsaussichten positiv sind und sich eine Bewerbung dort lohnt

→ *Die Beschreibung ist viel zu wenig konkret.*

Inhaltliche Gliederung:

I. Erläuterung der Problemstellung
II. Die Bewerbungs-AG
   1. Vorstellung des Unternehmens
   2. ausgewählte Informationen aus Bilanz, GuV, Anhang
   3. Aufbereitungsmaßnahmen
   4. Ermittlung und Beurteilung von Kennzahlen
III. Fazit

Ich versichere, die Themenstellung selbstständig erarbeitet zu haben.

Ort, Datum [_____]   Unterschrift [_____]

II. Präsentation ausarbeiten

BEISPIEL 2

Dieser Meldebogen macht keine Lust auf die Präsentation:

[Handschriftlich ausgefüllter Meldebogen mit den Feldern "Thema:" und "Kurzbeschreibung:"]

4. Gliederung

Tz. 47

sorgfältige Gliederung
Grundvoraussetzung

Eine sorgfältige Gliederung, ist eine wichtige Grundvoraussetzung für eine erfolgreiche Präsentation. Erst wenn die Gedanken zur Präsentation übersichtlich und nachvollziehbar geordnet werden, besteht überhaupt die Möglichkeit, einen „roten Faden" zu erkennen und die Logik in der Präsentation nachzuvollziehen.

4.1 Formale Gliederungsmöglichkeiten

Tz. 48

Grundgliederung

Die Erarbeitung der Gliederung setzt voraus, dass die relevanten Teile des Themas klar benannt und zueinander in eine logische Beziehung gesetzt werden. Aus der Gliederung soll deutlich werden, dass für ein konkretes komplexes Problem eine konkrete Lösung erarbeitet und dargestellt wird. Folgende Grundgliederung bietet sich an:

Abb. 9:	Grundgliederung		
Einleitung	Vorstellung des Themas	ca. 15 %	2 Minuten
	Einordnung in betriebliche Zusammenhänge		
Hauptteil	Problemstellung	ca. 75 %	12 Minuten
	Einordnung in den betriebswirtschaftlichen Kontext		
	Lösungsmöglichkeiten		
	Bewertung der Alternativen		
	Fazit		
Schluss	Zusammenfassung	ca. 10 %	1 Minute
	Empfehlung		
	Ausblick		
	Dank		
			15 Minuten

nicht einheitlich

Eine einheitliche Gliederung für alle Präsentationen kann es selbstverständlich nicht geben. Zu unterschiedlich können die Themen sein und zu unterschiedlich wird die persönliche Herangehensweise ausfallen.

Andererseits ist es für die meisten Teilnehmer durchaus schwer, das – endlich gefundene – Thema so zu strukturieren, dass die Prüfer überzeugt werden können und die Präsentation sicher gelingen wird.

4. Gliederung

Die Grundgliederung sollten Sie auf keinen Fall in dieser Form übernehmen! Sie kann nur eine Orientierung sein:

1. Sie „passt" nicht. Eine Anpassung an das gewählte Thema ist unbedingt notwendig.
2. Für die Prüfer ist leicht erkennbar, dass es sich um eine Mustergliederung und nicht um eine eigene Leistung handelt.

TIPP

Tz. 49

Die einzelnen Sinnabschnitte der Präsentation bilden das Grundgerüst für die hierarchische Gliederung. Die Gliederungsebenen werden durch Zahlen oder Kombinationen aus Zahlen und Buchstaben gekennzeichnet. Dazu gibt es viele Möglichkeiten, die als gleichwertig angesehen werden müssen, wenn sie die Gliederungsebenen und ihren Zusammenhang deutlich machen. Mögliche sinnvolle Gliederungsformen sind die alpha-numerische und die dezimale Klassifikation.

sinnvolle Gliederungsformen

Abb. 10: Gliederungsformen

Alpha-numerische Gliederung	Dezimale Gliederung (DIN 1421)
A. Einleitung	1. Einleitung
B. Hauptteil	2. Hauptteil
I. Kapitel 1	2.1 Kapitel 1
II. Kapitel 2	2.2 Kapitel 2
1. Unterabschnitt 1	2.2.1 Unterabschnitt 1
2. Unterabschnitt 2	2.2.2 Unterabschnitt 2
3. Unterabschnitt 3	2.2.3 Unterabschnitt 3
a) Gesichtspunkt 1	2.2.3.1 Gesichtspunkt 1
b) Gesichtspunkt 2	2.2.3.2 Gesichtspunkt 2
III. Kapitel 3	2.3 Kapitel 3
1. Unterabschnitt 1	2.3.1 Unterabschnitt 1
a) Gesichtspunkt 1	2.3.1.1 Gesichtspunkt 1
b) Gesichtspunkt 2	2.3.1.2 Gesichtspunkt 2
2. Unterabschnitt 2	2.3.2 Unterabschnitt 2
C. Schluss	3. Schluss

Bei geringer Erfahrung bietet sich die Gliederung mit arabischen Ziffern (dezimale Gliederung) an. Sie ist einfach, übersichtlich und auch mit wenig Erfahrung sind Unstimmigkeiten leicht erkennbar. Sie wirkt modern und souverän.

Tz. 50

Bei der Entscheidung, wie tief die Gliederung entworfen werden sollte, in wie viele Ebenen also gegliedert wird, ist die persönliche Präferenz ausschlaggebend. Bei einer Präsentation von (nur) 15 Minuten Dauer wirken mehr als drei Ebenen aber überladen und gezwungen. Eine zu starke Untergliederung führt in diesem Fall zu Unübersichtlichkeit. Zudem erleichtern wenige Gliederungsebenen letztlich die Umsetzung.

starke Untergliederung unübersichtlich

Gliederungen machen nur Sinn, wenn auf derselben Ebene tatsächlich eine Unterteilung sinnvoll und möglich ist. Jede Gliederungsebene muss also mindestens zwei Unterpunkte enthalten.

mindestens zwei Unterpunkte

Richtig	Falsch
1. Einleitung	1. Einleitung
2. Hauptteil	2. Hauptteil
2.1 Kapitel	2.1 Kapitel
2.2 Kapitel	2.1.1 Unterabschnitt
2.2.1 Unterabschnitt	3. Schluss
2.2.2 Unterabschnitt	
2.3 Kapitel	
3. Schluss	

BEISPIEL

II. Präsentation ausarbeiten

In dem falschen Beispiel ist derselbe Fehler mehrfach enthalten: Der Hauptteil besteht nur aus einem Kapitel. Dann aber ist dieses Kapitel der Hauptteil und benötigt keine zusätzliche Ebene. Ebenso macht ein einzelner Unterabschnitt (hier 2.1.1) keinen Sinn. Diese Gliederungsebene ist überflüssig.

> **TIPP**
> Eine logisch überzeugende Gliederung muss geübt werden. Trainieren Sie die souveräne Handhabung, indem Sie Ihre schriftlichen Ausarbeitungen (Protokolle, Berichte, Schreiben, E-Mails, SMS usw.) nach dem von Ihnen gewählten Schema strukturieren.

4.2 Entwicklung der konkreten Gliederung

Tz. 51

„roter Faden" Eine erfolgreiche Präsentation folgt einem roten Faden, der für die Prüfer während der gesamten Zeit erkennbar bleibt. Unabhängig vom Thema erfolgt immer eine Einteilung in Einleitung, Hauptteil und Schluss. Ihrer Bedeutung entsprechend sind die Abschnitte unterschiedlich lang und können selbst wiederum nach verschiedenen Kriterien strukturiert werden.

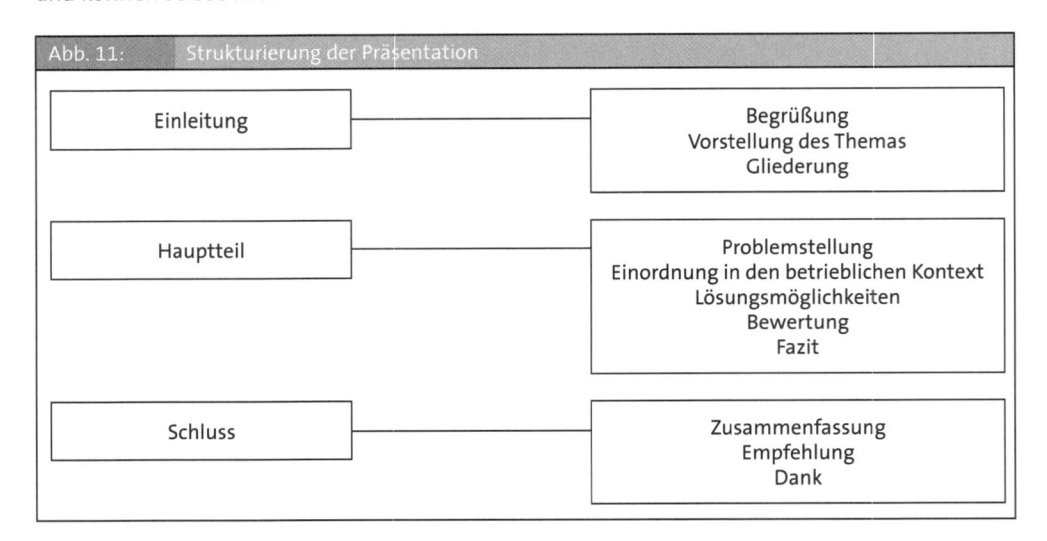

Abb. 11: Strukturierung der Präsentation

Einleitung	Begrüßung Vorstellung des Themas Gliederung
Hauptteil	Problemstellung Einordnung in den betrieblichen Kontext Lösungsmöglichkeiten Bewertung Fazit
Schluss	Zusammenfassung Empfehlung Dank

4.2.1 Einleitung

Tz. 52

Begrüßung und Vorstellung Die Einleitung soll in wenigen Minuten gleichzeitig den ersten Kontakt herstellen und Aufmerksamkeit für das Thema wecken. Sie beginnt nach der Begrüßung mit einer kurzen persönlichen Vorstellung, und enthält neben dem Namen auch

▶ einen Hinweis auf die aktuelle berufliche Tätigkeit,

▶ kurze Angaben zu dem Unternehmen,

▶ die persönlichen und beruflichen Ziele, die mit der Prüfung erreicht werden sollen.

Aus der Einleitung soll deutlich werden, welche Fragestellung bearbeitet und welches Ziel verfolgt wird. Es soll erkennbar werden, warum die Frage in dem behandelten komplexen betrieblichen Zusammenhang wichtig ist.

Tz. 53

„Anker" Ein „Anker" weckt Interesse und kann zusätzlich die Bedeutung der Fragestellung verdeutlichen. Er kann als eigenes Stilmittel eingesetzt werden.

> **BEISPIELE**
> ▶ „Bei der Anreise habe ich heute in der Zeitung gelesen, dass ..."
> ▶ „Bei einem Bankgespräch in der vergangenen Woche tauchte als Problem auf, dass ..."
> ▶ „Aus dem neuesten Monatsbericht der Deutschen Bundesbank war erkennbar, dass ..."
> ▶ „Der Geschäftsbericht der Pink AG zeigt, ..."

Tz. 54

Es folgen die notwendigen Hintergrundinformationen, z. B. über das Unternehmen, auf das Bezug genommen wird. Daraus ergibt sich logisch ein Überblick über den Aufbau der Präsentation.

Hintergrundinformationen

Für die Einleitung sollten etwa zwei Minuten der Präsentationszeit vorgesehen werden.

4.2.2 Hauptteil

Tz. 55

Die fachliche Bearbeitung der Aufgabenstellung steht selbstverständlich im Zentrum der Präsentation und nimmt zeitlich den größten Raum ein.

fachliche Bearbeitung

Im Hauptteil findet die Auseinandersetzung mit der (selbst ausgewählten!) zentralen Fragestellung statt. Er muss inhaltlich und logisch überzeugen. Die Gliederungspunkte werden in ihrem Zusammenhang ausführlich behandelt. Dabei soll die jeweilige Kernbotschaft deutlich erkennbar sein, die zentrale Frage- bzw. Aufgabenstellung bildet dazu den „roten Faden".

Tz. 56

Den Teilnehmern wird durch die Prüfungsverordnung eine klare Vorgabe gemacht: Sie sollen zeigen, dass sie ein komplexes Problem der betrieblichen Praxis erfassen, darstellen, beurteilen und lösen können.[29] Die Untergliederung des Hauptteils ist damit zwar nicht vorgeschrieben, kann aber leicht daraus entwickelt werden:

Untergliederung des Hauptteils

- ▶ **Problemstellung:** Für die Präsentation wird das strategisch gewählte Thema so formuliert, dass anschließend plausible Lösungsalternativen diskutiert werden können. Je konkreter das Problem beschrieben wird, desto überzeugender lassen sich Lösungsmöglichkeiten entwickeln und darstellen.

  Anders als in der betrieblichen Realität kann die Problemstellung risikolos so manipuliert werden, dass die folgenden Lösungsmöglichkeiten genau „passen".

- ▶ **Entscheidungskriterien:** Um ein Problem lösen zu können, muss die Zielsetzung für alle Maßnahmen bekannt sein. Es ist deshalb notwendig, vorher die Entscheidungskriterien festzulegen.
- ▶ **Lösungsalternativen:** Die gewählte Aufgabe lässt sich auf unterschiedliche Weise lösen. Hier kann auf das im Lehrgang erarbeitete Methodenrepertoire zurückgegriffen werden.
- ▶ **Lösungsstrategien anwenden:** Jedes neue Problem wird mit den vorhandenen Kenntnissen bewertet und eine der Situation angemessene Lösung angestrebt.
- ▶ **Bewertung der Alternativen:** Die unterschiedlichen Lösungsmöglichkeiten werden danach beurteilt, wie sie zur Erreichung der Unternehmensziele beitragen können. Die Methode wird begründet und vorgestellt.
- ▶ **Auswahl einer Alternative:** Die Vor- und Nachteile der gewählten Lösung werden kritisch abgewogen und die Entscheidung begründet.
- ▶ **Beschreibung der Umsetzung:** Eine positive Beschreibung des Prozesses der Problemlösung rundet Darstellung ab.

4.2.3 Schluss

Tz. 57

Der Schluss liefert den Prüfern einen abschließenden Eindruck und bleibt ihnen im Gedächtnis haften.

Zusammenfassung

Eventuelle Schwächen im Hauptteil können „überstrahlt" werden, wenn die Prüfer am Ende das Gefühl haben, die Präsentation sei logisch sinnvoll und inhaltlich stimmig abgeschlossen worden.

Die wesentlichen Kernpunkte und -aussagen der Präsentation werden überzeugend und einprägsam – möglichst nochmals visualisiert – zusammengefasst. Der Bezug zur einleitenden

---

29 § 6 Abs. 5 BibuchhFPrV.

II. Präsentation ausarbeiten

Problembeschreibung muss erkennbar sein, damit für die Prüfer ein abgerundetes Bild entsteht.

4.2.3.1 Fazit

Tz. 58

positives Fazit

Das Fazit darf durchaus positiv ausfallen, dadurch wird die fachliche Richtigkeit der Vorgehensweise, wie sie im Hauptteil beschrieben ist, unterstrichen.

- „Nach einem Jahr haben wir mit der beschriebenen Entscheidung durchweg gute Erfahrungen gemacht."
- „Unsere Vorgehensweise wird inzwischen auch in anderen Abteilungen in unserem Unternehmen kopiert."

4.2.3.2 Ausblick

Tz. 59

weitere Entwicklungen

Darüber hinaus kann auf mögliche weitere Entwicklungen eingegangen werden, woraus sich auch weitere mögliche Handlungsempfehlungen ableiten lassen.

- „Die Geschäftsführung wird im März entscheiden, in welchen Abteilungen meine Vorschläge umgesetzt werden."
- „Von der Marktentwicklung wird abhängen, ob weitere Maßnahmen notwendig werden."

Tz. 60

Dank

Die Präsentation endet mit einem knappen Dank für die Aufmerksamkeit und – wenn ehrlich und nicht aufgesetzt – mit einer Interessebekundung an dem anschließenden Fachgespräch. Durch die Körpersprache wird zum Ausdruck gebracht, dass die Präsentation beendet ist. Leere Formeln wie „Das war's." oder „Ich bin jetzt fertig." sollten vermieden werden.

Zum Abschluss der Präsentation sollten diese o. ä. Formulierungen möglichst vermieden werden:

- „Ich freue mich jetzt auf das Fachgespräch."
- „Gerne stehe ich jetzt für Ihre Fragen zur Verfügung."

Sie wirken eher unbeholfen, weil alle Beteiligten wissen, dass sie nicht der Wahrheit entsprechen. Trotzdem werden sie häufig benutzt und führen dann zwar nicht zu einem Punktabzug, aber der allgemeine Eindruck wird getrübt.

Dagegen können Fragen und Hinweise durchaus eine elegante Überleitung zu dem anschließenden Fachgespräch sein:

- „Ich bin gespannt, ob sich im Fachgespräch noch weitere Aspekte des dargestellten Themas ergeben."
- „Vielleicht ergeben sich aus dem Fachgespräch noch andere Lösungsalternativen."

Was als Abschluss absolut ungeeignet ist:

- überzogen danken, z. B.
  - „Vielen Dank für Ihre Geduld bei meinen bescheidenen Ausführungen."
  - „Herzlichen Dank, dass Sie mir Gelegenheit gegeben haben, ..."
- die Präsentation selbst in Frage stellen, z. B.
  - „Hoffentlich konnten Sie meinen Gedankengängen folgen."
  - „Ich hoffe, Sie konnten meine Schrift entziffern."
- sich klein machen, z. B.
  - „Ich habe mich bemüht, aber ..."
  - „Es tut mir leid, dass ..."
- sich aufblasen, z. B.
  - „Sie werden kaum nachvollziehen können, wie euphorisch mein Vorschlag aufgenommen worden ist."
  - „Sie sehen, dass ich zielorientiert gedacht und konsequent gehandelt habe."

5. Visualisierung

Tz. 61

Unterstützung

Eine Präsentation verlangt, die Darstellung durch Visualisierung zu unterstützen, um damit auch komplexe Sachverhalte verständlich und nachhaltig vermitteln zu können.

5. Visualisierung

Durch die Visualisierung werden abstrakte Zusammenhänge durch grafische Zeichen oder bildhafte Darstellungen in optisch erkennbare Formen überführt. Sie können dadurch schneller und einfacher verstanden werden, denn optische Informationen können in großer Zahl zeitgleich wahrgenommen und verarbeitet werden. Je mehr Kommunikationskanäle genutzt werden, desto besser wird eine Information gespeichert.

> Die Prüfungsverordnung fordert ausdrücklich eine Präsentation, nicht nur einen Vortrag. Eine Visualisierung ist in jedem Falle notwendig.
>
> Stellen Sie sicher, dass im Prüfungsraum die von Ihnen gewünschten Medien vorhanden sind. Fragen Sie unbedingt bei Ihrer IHK nach, wenn Sie hierzu mit der Einladung keine Informationen erhalten haben. Wenn Sie Ihre Vorstellungen von Ihrer Präsentation kurzfristig ändern müssen, führt das zu unnötigem zusätzlichen Stress.

5.1 Visualisierungsregeln

Tz. 62

Damit die Visualisierung gelingt, müssen einige – einfache – Regeln beachtet werden:

- Konzentration auf das Wesentliche, „Weniger ist mehr!".
- Alle Informationen und Botschaften müssen unmittelbar dem Ziel der Präsentation dienen.
- Keine Überfrachtung mit Schrift. Text wird gesprochen, nicht abgelesen.
- Schrift muss übersichtlich angeordnet und gut lesbar sein.
- Grafiken, Formeln und Diagramme müssen so anschaulich sein wie irgend möglich.
- Pro Folie/Seite nur ein gestalterisches Element.
- Die logische Ordnung der Präsentation muss durch die Gestaltungselemente betont werden.

Regeln

5.2 Medienwahl

Tz. 63

Die Wahl einer geeigneten Visualisierungsmöglichkeit für die Präsentation stellt keine besondere Schwierigkeit dar, weil die Rahmenbedingungen wie

- Zielgruppe,
- Zeitrahmen,
- Umfang der Inhalte,
- Raumgröße und
- technische Ausstattung

eindeutig und vorher bekannt sind. Dennoch muss im Rahmen der Vorbereitung und Planung der Präsentation gewissenhaft entschieden werden, welche Medien in der vorgegebenen Situation geeignet sind. Sie sind nicht allein Träger und Vermittler von Informationen, sondern können die Prüfer darüber hinaus auch von der pädagogisch sorgfältigen Vorbereitung überzeugen.

Auswahl

Zur Wahl stehen i. d. R. Pinnwand, Flipchart, Overheadprojektor (OHP), Visualizer und Beamer. Andere Medien stehen nicht zur Verfügung bzw. können in der IHK-Präsentation nicht sinnvoll genutzt werden.

> Der Umgang mit den Präsentationsmedien erfordert Übung. Ihr Einsatz muss während der Vorbereitung unbedingt trainiert werden.

II. Präsentation ausarbeiten

Tz. 64

Die folgende Übersicht zeigt, von welchen IHKs Angaben zu den nutzbaren Medien vorliegen.

Abb. 12: Mediennutzung bei den IHKs												
	Medien werden von der IHK gestellt								Medien können mitgebracht werden			
IHK	OHP	Beamer	Laptop	PC	Flipchart	Pinnwand	Tafel	Visualizer	Beamer	Laptop	Kabel	andere
Bochum	X	X			X	X				X	X	
Bonn	X	X			X	X			X	X	X	
Frankfurt	X	X			X	X	X			X	X	
Hamburg	X				X				X	X	X	
Köln	X	X			X	X				X	X	
München	X	X	X		X	X						
Regensburg		X		X	X	X		X				X
Stuttgart	X	X			X	X	X		X			
Beachten Sie, dass sich diese Angaben jederzeit ändern können.												

BEISPIEL

Aus der Einladung der IHK Köln:

„Für die mündliche Prüfung stehen Ihnen als Hilfsmittel Beamer, Flip-Chart, Overheadprojektor und Metaplanwand zur Verfügung.

Bitte fertigen Sie für den Prüfungsausschuss (ca. 4 Personen) Handouts an!

Sofern Sie für Ihre Präsentation einen Beamer nutzen, beachten Sie bitte, dass Ihnen ein Laptop nicht zur Verfügung gestellt wird.

Bei der Vorbereitung der Präsentation ist eine Rüstzeit von maximal fünf Minuten einzuhalten. Falls Sie eine Beamer-Präsentation planen, bitten wir Sie, zusätzlich einen konventionellen Vortrag für Flipchart und/oder Overheadprojektor bereitzuhalten, falls aufgrund technischer Probleme die Prüfung mit Beamer und Laptop nicht stattfinden kann. Für die Kompatibilität von Laptop und Beamer übernimmt die IHK Köln keine Haftung."

5.2.1 Pinnwand

Tz. 65

Pinnwand

Eine Pinnwand ist eine Präsentationsfläche aus Kork, dickem Stoff oder anderem geeignetem Material, an die Moderationskarten, Fotos, Zeitungsausschnitte u. Ä. mit Nadeln angepinnt werden können.

Sie lässt sich zur Sammlung von Informationen einsetzen, die spontan – z. B. als Arbeitsergebnisse bei einer Moderation – anfallen und geordnet (und möglicherweise wieder umsortiert) werden sollen und die dauernd zur Verfügung stehen müssen.

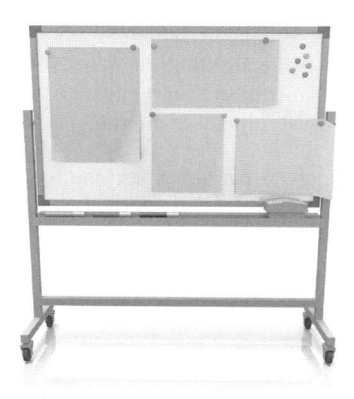

Bei einer vorbereiteten Präsentation wie in der Bilanzbuchhalterprüfung sind aber spontane Arbeitsergebnisse schwer vorstellbar. Weil der hauptsächliche Vorteil der Pinnwand, nämlich Informationen nachträglich ändern und neu zuordnen zu können, nicht genutzt werden kann, bietet sie gegenüber dem – leichter handhabbaren – Flipchart keine Vorteile.

Tz. 66

Vorteile	Nachteile
▶ Einfache und flexible Handhabung	▶ Nutzung nur mit Rücken zu den Prüfern
▶ Wenig Zubehör notwendig	▶ Karten hängen immer schief
▶ Änderung der Anordnung von Karten problemlos möglich	▶ Beschriftung nur mit Hand möglich, Übung erforderlich

5.2.2 Flipchart

Tz. 67

Ein Flipchart besteht aus einem Trägerelement, das gut sichtbar aufgestellt werden kann und auf dem ein großformatiger Papierblock befestigt werden kann. Mit beliebigem Schreibgerät – wegen der besseren Lesbarkeit sinnvoll mit dicken Filzstiften – kann man auf dem Flipchart-Papierblock schreiben. Ist eine Seite genutzt, kann das Papier nach hinten umgeschlagen und der nächste Bogen beschrieben werden. Es kann jederzeit zurückgeblättert werden und bei Bedarf können einzelne Blätter leicht abgetrennt werden.

Flipchart

Ein Flipchart kann wie eine Tafel verwendet werden, es gibt aber keine Möglichkeit zum Löschen. Da es einfach zu nutzen ist, können Präsentationen unkompliziert und wirkungsvoll gestaltet werden.

Auf dem Flipchart können Inhalte dauerhaft festgehalten werden, deshalb eignet es sich in der Prüfungssituation besonders dazu, umfangreiche Schaubilder, Übersichten und Organigramme und vor allen Dingen die Gliederung für die Prüfer sichtbar zu machen. Sie kann dann während der Präsentation als Orientierungshilfe dienen.

Die Darstellungen auf einem Flipchart können auch während der Präsentation auf einfache Weise weiterentwickelt werden. Mit einem dicken Filzstift können Unterstreichungen und Textergänzungen vorgenommen werden.

> **TIPP:** Sprechen Sie niemals, während Sie am Flipchart schreiben. Sie wenden den Prüfern dann unvermeidlich den Rücken zu. Entweder erst schreiben und dann sprechen oder erst sprechen und dann schreiben.

Tz. 68

Vorteile	Nachteile
► Blätter können vorbereitet werden.	► Es nimmt im Raum Stellfläche ein.
► Technische Pannen sind praktisch ausgeschlossen.	► Viele Flipcharts haben keinen festen und sicheren Stand.
► Es ist leicht zu transportieren bzw. im Prüfungsraum zu platzieren.	► Weil die Entfernung zu den Prüfern vorher unbekannt ist, kann die notwendige Schriftgröße nur geschätzt werden.
► Der persönliche Kontakt zu den Prüfern kann intensiv gestaltet werden.	► Stifte in verschiedenen Stärken und Farben müssen vorhanden sein.
► Vorbereitete Seiten können einfach und jederzeit auch spontan ergänzt werden.	► Die Beschriftung muss geübt werden.

> **TIPP:** Üben Sie die Beschriftung des Flipcharts. Für die meisten Teilnehmer ist es ungewohnt, auf einer großen Fläche zu schreiben. Wenn Sie keine Erfahrung haben, wird die Schriftgröße meistens zu klein ausfallen. Wenn die Prüfer aber die Darstellung nicht lesen können, wirkt das wenig überzeugend.
>
> Setzen Sie farbige Filzstifte ein, um Schlüsselwörter hervorzuheben. Wichtige Aussagen sind auf diese Weise leichter erkennbar. Farben und Formen sollen aber sparsam eingesetzt werden.
>
> Flipcharts stehen in vielen Unternehmen und Einrichtungen „irgendwo in der Ecke". Nutzen Sie die Möglichkeiten, damit zu üben.

5.2.3 Tageslichtprojektor

Tz. 69

Overheadprojektor — Ein Tageslichtprojektor bzw. Overheadprojektor (OHP) ist ein optischer Bildwerfer, mit dem transparente Folien mit Schrift und Grafik vergrößert auf eine Leinwand projiziert werden. Sein Einsatz eignet sich grundsätzlich für alle Arten von Vorträgen. Die Unterstützung des Vortrags durch Hervorhebung einzelner Elemente ist auf einfache Weise möglich. Die **Aufmerksamkeit** wird erhöht und die Orientierung verbessert.

Von einer horizontalen, von unten beleuchteten Glasfläche wird der Strahlengang von der Lichtquelle vertikal zu einem Umlenkspiegel und von dort horizontal auf die Projektionsfläche geführt. Bei – tragbaren – Kompaktgeräten befindet sich die Lichtquelle i. d. R. im Kopf des OHP neben dem Spiegel.

5. Visualisierung

Weil die Projektion sehr lichtstark ist, ist eine Verdunkelung i. d. R. nicht notwendig.

Eine Präsentation lässt sich mit einem OHP einfach und wirkungsvoll unterstützen. Neben der unkomplizierten Handhabung liegt ein wesentlicher Vorteil darin, dass der Vortragende Blickkontakt mit den Zuhörern halten kann.

Tz. 70

Folien gliedern die Präsentation und auch komplexe Sachverhalte können anschaulich dargestellt werden. Bei der Visualisierung mit Folien sind auch Grafiken und farbliche Hervorhebungen leicht umzusetzen.

Folien

Die Folien können mit dem PC erstellt und dann ausgedruckt werden. Dann steht eine Palette von Schriftgrößen, -farben und -typen zur Verfügung. Außerdem kann die grafische Gestaltung leicht getestet und auch wieder verändert werden.

Für die Folienerstellung sind spezielle (teure) Folien erforderlich, die beim Drucken nicht verkleben.

HINWEIS

Die Erstellung der Folien muss allerdings sehr sorgfältig erfolgen.[30] Ihre Gestaltung soll dazu beitragen, die Entwicklung des Themas zu unterstützen, sie selbst sind aber nicht Gegenstand der Präsentation.

Folien dürfen niemals vollständig selbsterklärend sein, der Redner darf nicht entbehrlich sein. Sie sollen die wichtigsten Inhalte kurz und knapp unterstützen, damit die Prüfer erkennen, dass das Thema erfasst ist und anschaulich vermittelt werden kann. Wenn Folien Inhalte zeigen, über die nicht gesprochen wird, geht die unterstützende Funktion verloren.

Tz. 71

Zur optimalen Wirkung sind einige einfache Grundregeln unbedingt zu beachten:

Grundregeln der Foliengestaltung

Tz. 72

Die Folien **unterstützen** den Vortrag, sie dürfen ihn nicht ersetzen.

Tz. 73

Die erste Folie bietet immer ein **Überblick** über die Gliederung, wenn sie nicht auf dem Flipchart dauerhaft sichtbar ist.

Tz. 74

Alle Folien in der Präsentation sollen entweder **im Hoch- oder im Querformat** genutzt werden. Das Querformat ist – besonders bei wenig Erfahrung – leichter zu gestalten und deshalb zu bevorzugen. Es soll aber ein Rand gelassen werden, damit die Beschriftung in jedem Falle vollständig sichtbar ist.

---

30 Vgl. *Quilling*, Präsentation und Fachgespräch, in: Nicolini/Quilling, Berichterstattung und Präsentation, München 2014, S. 153 ff.

Tz. 75

Der Aufbau der Folien sollte **einheitlich** sein. Gleichartige Elemente sollten auch gleich gestaltet sein: „Gleiche Ideen = gleiche Visualisierung". Das gilt besonders für Schriftart, Schriftgröße und Farben.

Tz. 76

Das **gesprochene Wort** darf bei der Projektion **nicht mitgelesen** werden können. Folien führen durch den Vortrag, dürfen ihn aber auf keinen Fall in schriftlicher Form wiederholen. Die Information ist dann redundant, die Aufmerksamkeit der Prüfer nimmt ab.

Tz. 77

Folien dürfen nur sichtbar sein bzw. nur in Teilen sichtbar sein, wenn sie unmittelbar das gesprochene Wort unterstützen. Auch grafische Skizzen, die **Aussagen** belegen und anschaulich machen sollen, dürfen **auf keinen Fall vor der Kernaussage zu sehen** sein. Andernfalls wird die Aufmerksamkeit der Prüfer abgelenkt, weil sie – unbewusst – zunächst versuchen, die Folie selbst zu entschlüsseln und deshalb vom Vortrag abgelenkt sind.

Tz. 78

Folien dürfen **nicht überfrachtet** werden. Gute Folien bestehen aus nur wenigen Punkten, die eine Kernaussage enthalten. Sie müssen mit einem Blick erfasst werden können, jeder Punkt sollte nicht mehr als sechs bis acht Wörter enthalten. Je präziser die Aussage, desto höher ist der Informationswert.

BEISPIEL

Abb. 13: Foliengestaltung – Kernaussagen

Gut	Schlecht
Arten der Kapitalerhöhung	**Arten der Kapitalerhöhung**
1. Ordentliche Kapitalerhöhung	1. Ordentliche Kapitalerhöhung: „Normalform" mit Ausgabe junger Aktien
2. Bedingte Kapitalerhöhung	2. Bedingte Kapitalerhöhung: Erhöhung des GK nur soweit, wie von einem Umtausch oder Bezugsrecht Gebrauch gemacht wird, das die Gesellschaft auf die neuen Aktien einräumt
3. Genehmigte Kapitalerhöhung	3. Genehmigte Kapitalerhöhung: Ermächtigung der HV an den Vorstand, Grundkapital um einen bestimmten Betrag zu erhöhen
4. Kapitalerhöhung aus Gesellschaftsmitteln	4. Kapitalerhöhung aus Gesellschaftsmitteln: Umwandlung von Gewinnrücklagen oder Kapitalrücklagen in Grundkapital

Immer 50 % auf der HV erforderlich

Tz. 79

Vollständige Sätze sollen **vermieden** werden. Sie binden die Aufmerksamkeit der Prüfer, die sich dann nicht mehr auf die gesprochenen Informationen konzentrieren. Stichworte wirken dagegen anregend und fördern die Auseinandersetzung mit dem Text.

Tz. 80

Jede Folie soll nur **einen Gedanken** enthalten.

Tz. 81

Eine Folie mit **Text** soll **nicht mehr als zehn Zeilen** umfassen. Sie wirkt sonst überfrachtet und provoziert Widerstand bei den Prüfern.

Auch freie Flächen sind Gestaltungselemente!

5. Visualisierung

Tz. 82

Optische Zusammenfassungen (**Blockbildungen**) erleichtern die Lesbarkeit:

Blockbildung

Abb. 14: Foliengestaltung – Blockbildung

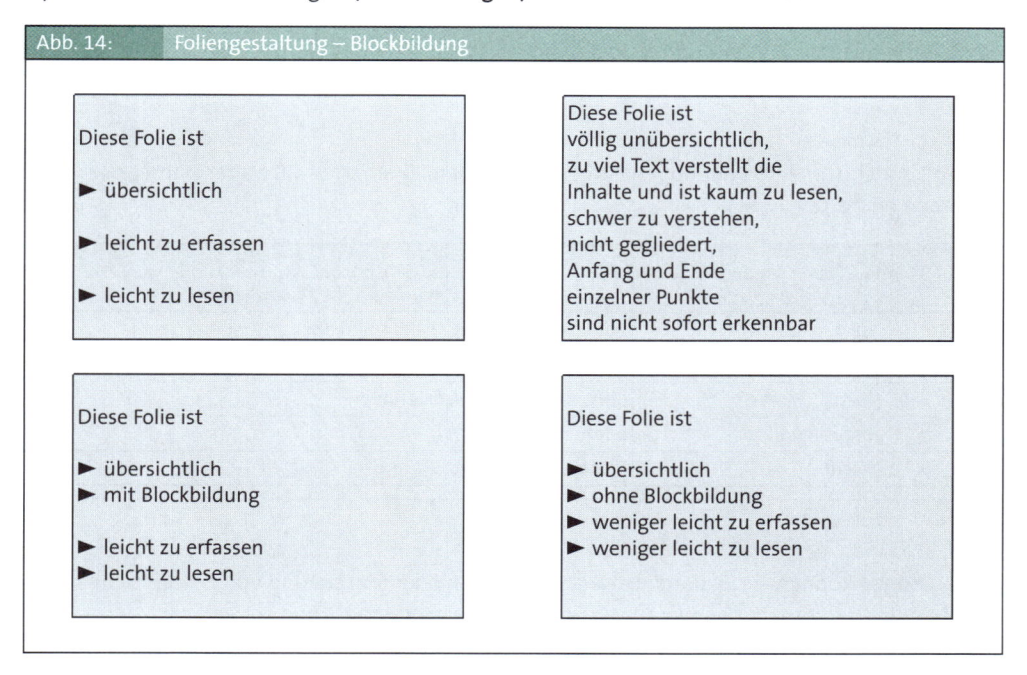

Diese Folie ist
- ▶ übersichtlich
- ▶ leicht zu erfassen
- ▶ leicht zu lesen

Diese Folie ist
völlig unübersichtlich,
zu viel Text verstellt die
Inhalte und ist kaum zu lesen,
schwer zu verstehen,
nicht gegliedert,
Anfang und Ende
einzelner Punkte
sind nicht sofort erkennbar

Diese Folie ist
- ▶ übersichtlich
- ▶ mit Blockbildung
- ▶ leicht zu erfassen
- ▶ leicht zu lesen

Diese Folie ist
- ▶ übersichtlich
- ▶ ohne Blockbildung
- ▶ weniger leicht zu erfassen
- ▶ weniger leicht zu lesen

Tz. 83

Abkürzungen erschweren die Lesbarkeit und sollen vermieden werden. Nur allgemein **bekannte und gängige Abkürzungen** (z. B. AV, GuV) sind vertretbar.

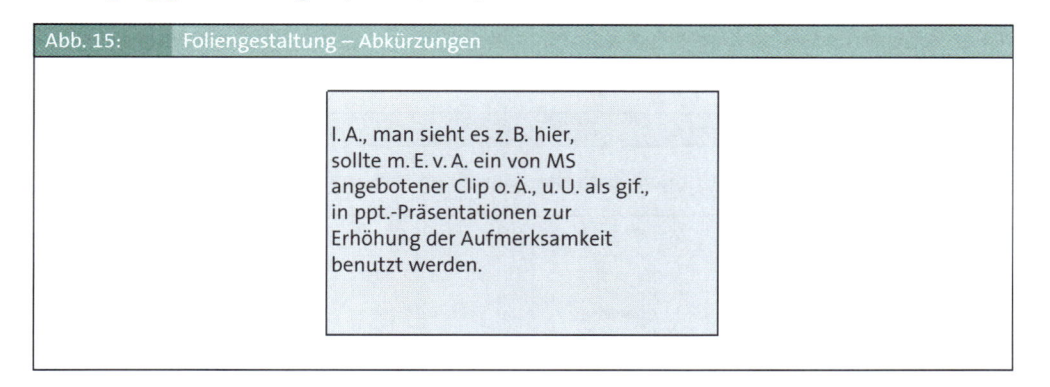

Abkürzungen

Abb. 15: Foliengestaltung – Abkürzungen

I. A., man sieht es z. B. hier,
sollte m. E. v. A. ein von MS
angebotener Clip o. Ä., u. U. als gif.,
in ppt.-Präsentationen zur
Erhöhung der Aufmerksamkeit
benutzt werden.

Tz. 84

Für die Akzeptanz der Folien ist ihre **leichte Lesbarkeit** entscheidend. Weil sie zu Hause erstellt werden, kann die Schriftart sorgfältig ausgewählt werden.

BEISPIELE

Abb. 16: Foliengestaltung – Lesbarkeit

Gut lesbar	Weniger gut lesbar
Calibri	*Monotype Corsiva*
Arial Standard	Onyx
Helvetica	COPPERPLAID GOTHIK BOLD
Microsoft Sans Serif	Matura MT Script Capitals

II. Präsentation ausarbeiten

Tz. 85

Die notwendige **Schriftgröße** ist abhängig von der Raumgröße und der Größe der Projektionsfläche. Typischerweise sind die Prüfungsräume eher klein, deshalb die Vergrößerung gering, die Schrift muss dann relativ groß sein. Als Anhaltspunkt kann die doppelte Größe der üblichen Handschrift dienen. Das entspricht etwa 28 Pkt.

Tz. 86

Farben können für Hervorhebungen eingesetzt werden. Eine Folie sollte aber immer nur wenige Farben enthalten.

Abb. 17:	Foliengestaltung – Farben	
	Wirkung	Hinweis für die Präsentation
schwarz	hart, schafft Distanz	gut lesbar, erinnert als Rahmen aber an Traueranzeigen
rot	warm, erzeugt Nähe	weckt Aufmerksamkeit, allgemeine Hervorhebung
blau	kalt	ohne besondere Assoziationen
grün	beruhigend	erinnert an Natur
gelb	leicht	zu hell, ungeeignet

Tz. 87

Kernaussagen können – z. B. durch **Unterstreichungen** oder **Markierung** von Zusammenhängen – problemlos hervorgehoben werden. Das wirkt zuhörerorientiert und souverän.

Halten Sie bei der Präsentation einen farbigen OHP-Stift bereit. Sie können dann leicht zusätzliche Hervorhebungen anbringen und auch eventuelle Fehler korrigieren.

Tz. 88

Grafiken sind bei einer Präsentation besonders geeignet, Informationen zu verdeutlichen. Grafiken, Symbole und Diagramme sind aber nur sinnvoll, wenn sie zur Verdeutlichung geeignet sind. Auf Spielereien wie Smileys sollte bei einer kurzen Präsentation verzichtet werden.

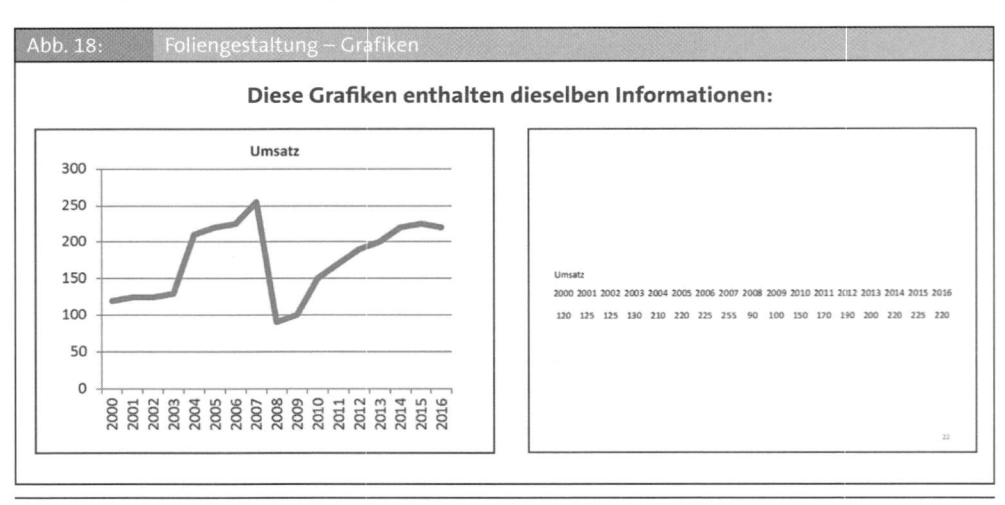

Abb. 18:	Foliengestaltung – Grafiken

Diese Grafiken enthalten dieselben Informationen:

Tz. 89

Die Folien werden **nummeriert**, um auch in schwierigen Situationen (die Folien fallen z. B. auf den Boden) die richtige Reihenfolge zu sichern. Wenn eine Folie im anschließenden Fachgespräch nochmals benötigt wird, ist sie so leichter zu finden.

Tz. 90

Zur Beschriftung sind spezielle OHP-Stifte erforderlich, deren Farbe auf dem glatten Untergrund haften bleibt. Sie sind in verschiedenen Farben und Stärken erhältlich. Für den „normalen" Text werden schwarze oder blaue benutzt, rote und grüne dienen zur Hervorhebung wichtiger Elemente. In den Schriftstärken S oder F sind die meisten Handschriften besonders gut lesbar.

Beschriftung

> Schreiben Sie nicht nur in Großbuchstaben. Das ist ungewohnt und wirkt künstlich.
>
> Kopien aus Büchern sind fast immer unbrauchbar. I. d. R. ist die Schrift zu klein und die Grafiken wirken unscharf.

Tz. 91

Durch die Benutzung von Overlays kann sehr leicht erreicht werden, dass die Prüfer nur die Teile der Folien lesen können, über die gerade gesprochen wird. Dazu wird ein Teil mit einem ganz normalen Blatt Papier abgedeckt. Die Prüfer können dann den abgedeckten Teil nicht lesen. Er bleibt aber für den Vortragenden sichtbar, der erarbeitete logische Aufbau ist für ihn damit jederzeit erkennbar.

Overlays

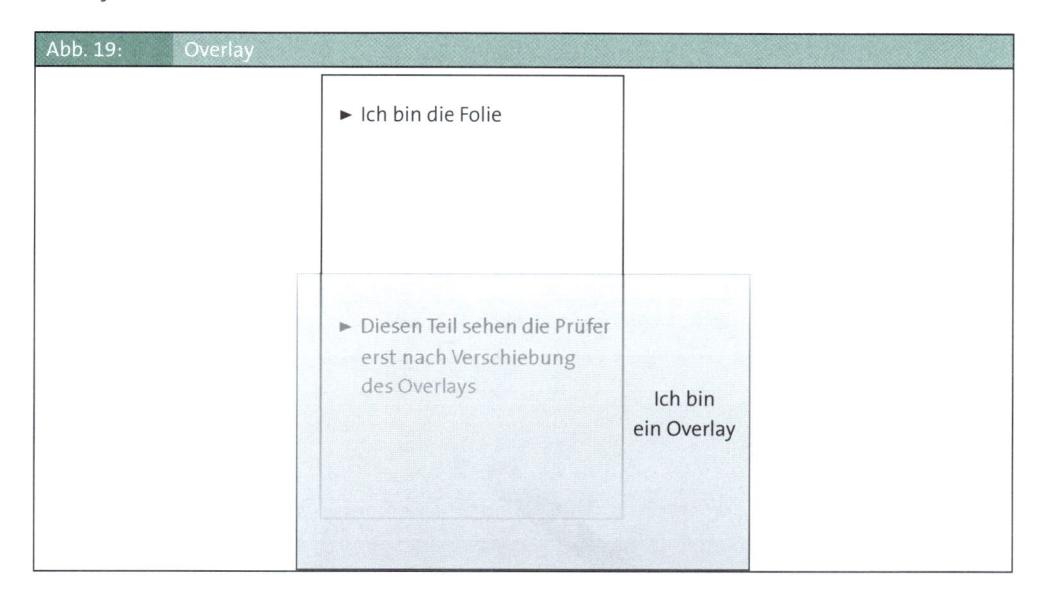

Abb. 19: Overlay

- Ich bin die Folie
- Diesen Teil sehen die Prüfer erst nach Verschiebung des Overlays

Ich bin ein Overlay

Falls Sie Folien übereinander schichten wollen, beachten Sie, dass sie sich leicht gegeneinander verschieben. Um eine exakte Platzierung zu erreichen, können einfache Hilfsmittel genutzt werden:

- Bei vielen Tageslichtprojektoren sind am Rand kleine Stifte angebracht. Wenn die Folien gelocht sind, können sie damit exakt aufeinandergelegt werden.
- Mit handelsüblichen Heftstreifen können gelochte Folien ebenfalls passgenau übereinandergelegt werden.
- Notfalls hilft eine Büroklammer, damit die Folien nicht verrutschen.

Tz. 92

Während der Präsentation kann es notwendig sein, auf einzelne Stellen in der Projektion besonders hinzuweisen. Der Vortragende hat dazu verschiedene Möglichkeiten:

II. Präsentation ausarbeiten

Man kann **direkt** auf die Folie auf dem **Tageslichtprojektor** zeigen. Dann entsteht auf der Projektionsfläche ein Schatten. Viele Vortragende nutzen dazu einen Kugelschreiber; das funktioniert zwar, sieht aber meistens improvisiert und unprofessionell aus.

TIPP Nutzen Sie niemals einen Finger zum Zeigen. Das wirkt immer unbeholfen.

Man kann mit einem **Zeigestock** oder einem Laserpointer direkt auf die **Projektionsfläche** zeigen. Da der Zeigestock altmodisch wirkt, ist der Pointer vorzuziehen.

TIPP Die Benutzung eines Pointers erscheint einfach, bedarf aber einiger Übung. Man benötigt eine ruhige Hand und Erfahrung, um die richtige Stelle auf der Präsentationsfläche zu treffen.

Tz. 93

Vorteile	Nachteile
▶ Folien sind einfach herzustellen	▶ Benötigt Platz für Aufbau
▶ Viele Gestaltungsmöglichkeiten	▶ Projektionsfläche erforderlich
▶ Flexible Handhabung	▶ Gerät steht zwischen Teilnehmer und Prüfern
▶ Aufmerksamkeit lässt sich auf bestimmte Punkte lenken	▶ Beherrschung der Technik muss geübt werden
▶ Projektionsabstand fast beliebig	▶ Synchronisation von Sprache und Folien schwierig
▶ OHP fast überall vorhanden	

5.2.4 Beamer

Tz. 94

Ein Beamer ist ein optisches Wiedergabegerät, das meistens direkt an den Ausgang der Grafikkarte eines Rechners angeschlossen wird. Dadurch kann ein vergrößertes Bild von Fotos, Videos oder Grafiken in fast beliebiger Größe und für viele sichtbar projiziert werden. In Kombination mit einem Laptop ergibt ein Beamer ein flexibles und mobiles System zur Visualisierung von Vorträgen.

Beamer

> Die technischen Voraussetzungen durch die IHK sind unterschiedlich. Manche stellen einen Beamer, wenige auch einen Laptop zur Verfügung. Andere raten sogar davon ab, diese Präsentationsform zu wählen.

HINWEIS

Wer sich für die Präsentation mit einem Beamer entscheidet, sollte sich unbedingt darum bemühen, die gesamte Technik selbst mitbringen zu können. Nur dann sind die Funktionsfähigkeit und ein reibungsloses Zusammenwirken der Geräte sichergestellt.

Ein Apple MacBook hat z. B. meistens keinen VGA-Ausgang, die Beamer aber einen VGA-Eingang. Dann ist ein Adapter erforderlich.

Das Zusammenwirken von Laptop und Beamer muss unbedingt getestet werden.

Manchmal müssen die Geräte erst verkabelt und dann eingeschaltet werden, in anderen Fällen muss der Beamer nachträglich mit dem hochgefahrenen Laptop verbunden werden.

Bei MS-Office lässt sich die gewünschte Art der Darstellung meistens an der Tastatur über Fn + F5 einstellen. Eine sinnvolle benutzerfreundliche Auswahl heißt „Erweitert". Das projizierte Bild ist dann auf der Projektionsfläche und gleichzeitig (zusätzlich mit einer Vorschauliste) auf dem Bildschirm zu sehen.

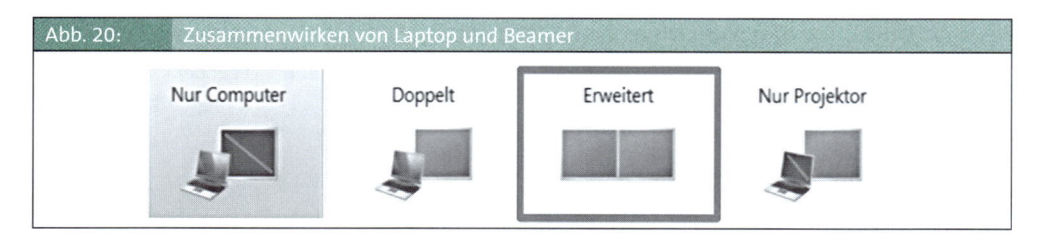

Abb. 20: Zusammenwirken von Laptop und Beamer

Nur Computer | Doppelt | Erweitert | Nur Projektor

Beim Apple MacBook ist der Anschluss im Allgemeinen unproblematisch, es sollte jedoch kein zweites Wiedergabegerät (z. B. Monitor) angeschlossen sein. Die Vorschauleiste lässt sich aber bei manchen Versionen nicht dauerhaft einblenden und auch nicht vergrößern.

5.2.4.1 Foliengestaltung (Beamer)

Tz. 95

Für die Folien, die mit einem Beamer präsentiert werden, gelten grundsätzlich dieselben Regeln wie für die Projektion mit dem OHP. Es ergeben sich aber zusätzliche Möglichkeiten, die bei der Präsentation zu berücksichtigen sind.

Gestaltung

5.2.4.2 Master

Tz. 96

Masterfolie

Präsentationen wirken besonders professionell und überzeugend, wenn sie ein einheitliches Design haben. Statt jede Folie einzeln zu erstellen, bietet Microsoft PowerPoint die Möglichkeit, eine Masterfolie mit festem Design zu gestalten. Sie kann dann als Vorlage genutzt werden, die für die anderen Folien übernommen wird.

> Der Folienmaster befindet sich meistens im Register „Ansicht". In der Leiste mit Miniaturansichten, die auf dem Bildschirm erscheint, ist die erste Folie der „Folienmaster". Änderungen, die hier vorgenommen werden, wirken sich auf alle Folien aus.
>
> Der Folienmaster sollte möglichst zu Anfang der Arbeiten an der Präsentation angelegt werden. Dann können alle späteren Folien zeitsparend in das vorgesehene Layout übernommen werden.

5.2.4.3 Animation

Tz. 97

Animation

Die Möglichkeit, Folien zu animieren, also durch Bewegung das Interesse bei den Zuhörern zu verstärken, ist ein wesentlicher Vorteil gegenüber einer Präsentation mit dem OHP. Wer wenig Erfahrung hat, neigt allerdings dazu, seine Beherrschung der Animationsmöglichkeiten auch zeigen zu wollen. Dabei ist eine Beschränkung wesentlich eindrucksvoller.

Trotz der verführerischen Angebote, die Microsoft PowerPoint (bzw. Keynote bei Apple) für die Gestaltung der Präsentation macht, wird nur eine Beschränkung bei den Animationen zu einem überzeugenderen Ergebnis führen.

> Zuviel Animation wirkt immer unruhig.

Tz. 98

Die Folien sind nicht Gegenstand der Präsentation, sie sollen verdeutlichen und unterstützen. Die Aufnahmekapazität der Zuhörer ist begrenzt, deshalb soll eine Konzentration auf das Wesentliche erfolgen. Visualisierungen, die lediglich wiederholen oder den Vortrag optisch verschönern sollen, haben keine sinnvolle Funktion. Sie lenken ab und wirken letztlich langweilig.

Zeit für die Betrachtung

Den Prüfern muss ausreichend Zeit zum Betrachten und Verstehen der Folien eingeräumt werden. Ein ständiger Wechsel – erst recht mit neuer grafischer Gestaltung und Animation – lässt die Präsentation nicht nur unruhig und nervös, sondern auch oberflächlich wirken. Wenn die Inhalte nicht ausreichend aufgenommen werden können, entsteht bei den Prüfern nicht etwa Neugier, sondern Enttäuschung, Ärger und Ablehnung.

> Setzen Sie bei gleichartigen Schritten (z. B. neue Schriftzeile, Erläuterung durch Legenden) grundsätzlich immer denselben Effekt ein: „Ein Gedanke, eine Animation".
>
> Beispiele für einheitliche Animationen:
>
> ▶ Textzeilen → immer mit „Erscheinen"
>
> ▶ Formeln → immer „Auflösen"
>
> ▶ Erklärungen in Legenden → immer „Spirale"
>
> Welche Effekte sinnvoll den fachlichen Inhalt unterstützen können, hängt selbstverständlich entscheidend vom Thema ab. Praktisch haben sich die – vergleichsweise einfachen – Effekte „Wischen" (bzw. „Rollen" beim Apple MacBook), „Zoom" und „Auflösen" als völlig ausreichend erwiesen.
>
> Die Einstellungen in Microsoft PowerPoint erfolgen
>
> ▶ beim Apple MacBook über „Markieren" → „Animationen" → „Eingangseffekte" → „Neu anordnen" → „Effektoptionen/Anzeigendauer".
>
> ▶ beim Laptop über „Markieren" → „Animationen" → „Animationsbereich" → „↓" → „Effektoptionen/Anzeigendauer".
>
> Manche Versionen von Microsoft PowerPoint bieten sog. Animationsschemas an (Folien auswählen, dann Bildschirmpräsentation → Animationsschemas → auswählen), mit denen die Präsentation einfach und zeitsparend einheitlich gestaltet werden kann.
>
> Entwickeln Sie immer zunächst die gesamte Folie. Die Animationen werden erst abschließend in die fertige Folie eingefügt. Das spart Zeit und sichert zudem die Einheitlichkeit.

5. Visualisierung

5.2.4.4 Hintergrund

Tz. 99

Microsoft PowerPoint bietet zahlreiche Möglichkeiten, den Folienhintergrund zu gestalten. Die Auswahl (nur Farbe, Farbverlauf, Clipart usw.) ist weitgehend Geschmackssache. Allerdings sollte auf eine Gestaltung nicht verzichtet werden, die Präsentation wird dadurch ansprechender und wirkt professioneller.

Folienhintergrund

> Microsoft PowerPoint bietet eine große Zahl von grafischen Elementen (Cliparts), die zur Foliengestaltung eingesetzt werden können. Damit sie von den Prüfern nicht sofort erkannt werden, können sie durch Vergrößerung, Ausschneiden und neue Farbgebung einfach verändert werden.

5.2.4.5 Blättern

Tz. 100

Während am Overheadprojektor die Folien einzeln per Hand aufgelegt werden müssen, gibt es bei einer Projektion mit dem Beamer mehrere Möglichkeiten, die nächste Folie aufzurufen:

Blättern

5.2.4.6 Presenter

Tz. 101

Dieses kleine Steuergerät wird schnurlos mit dem Laptop verbunden. Durch Anklicken der Vorwärts-/Rückwärtstasten kann in den Folien der Präsentation geblättert werden. Der wichtigste Vorteil ist, dass man sich damit frei im Raum bewegen kann.

Presenter

> Die meisten Geräte bieten die Möglichkeit, die Projektion „schwarz" zu schalten. Dann werden die Prüfer nicht abgelenkt, wenn zu einem Gliederungspunkt keine Visualisierung vorgesehen ist.
>
> Alle Presenter verfügen über einen Laserpointer. Mit demselben Gerät kann also auch auf die Leinwand gezeigt und so die Aufmerksamkeit auf bestimmte Punkte gelenkt werden.

5.2.4.7 Pfeiltasten

Tz. 102

Durch Betätigung der Pfeiltasten auf der Tastatur lässt sich die nächste Folie aufrufen. Diese Methode ist auch für ungeübte Referenten leicht zu handhaben.

Pfeiltasten

5.2.4.8 Miniaturansicht

Tz. 103

Im Präsentationsmodus werden auf dem Referentenbildschirm Miniaturansichten der nächsten Folien eingeblendet. Mit Maus, Touchpad oder Trackball können sie einzeln angesteuert und eingeblendet werden.

Miniaturansicht

> Bei dieser Methode müssen die richtigen Folien gesucht werden. Das lenkt ungeübte Referenten vom Vortrag ab und wirkt – wenn die Handhabung nicht wirklich souverän ist – eher unbeholfen und schlecht vorbereitet. Weil in der Prüfung nur wenige Folien eingesetzt werden, ist deshalb diese Vorgehensweise nicht zu empfehlen.

Vorteile	Nachteile
▶ Elegante Darstellungen möglich	▶ Technische Voraussetzungen müssen gegeben sein
▶ Zusätzliche Aufmerksamkeit	▶ Verbindungen zwischen Beamer und Rechner sind unterschiedlich
▶ Souveräne technische Gestaltung lässt die Inhalte wichtig und richtig erscheinen	▶ Der Umgang mit der Technik erfordert Übung und Aufmerksamkeit

II. Präsentation ausarbeiten

5.2.5 Visualizer

Tz. 104

Visualizer

Visualizer können als Weiterentwicklung des OHPs verstanden werden. Sie bestehen aus einem – meistens beleuchteten – Objektträger und einer Kamera, die ein Bild der Objekte fertigt und projiziert.

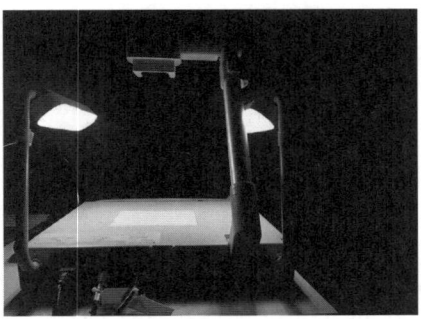

HINWEIS: Visualizer werden auch als „Dokumentenkamera" bezeichnet.

Während bei einem OHP nur transparente Vorlagen (im Prinzip als Schatten) projiziert werden können, ermöglicht der Visualizer, jede Art von Objekten aufzunehmen. So können z. B. Bücher, Gesetzestexte und auch dreidimensionale Objekte schnell und einfach direkt gezeigt werden. Die hochauflösende Kamera liefert dabei ein besonders scharfes Bild.

Grundsätzlich ähnelt die Präsentation mit einem Visualizer stark der Arbeit mit einem Overheadprojektor. Die Umstellung ist unproblematisch, es gibt keine technischen Hindernisse, wenn die Technik in den Prüfungsräumen richtig installiert ist.

Tz. 105

Die Vorteile, die Visualizer gegenüber OHPs haben, z. B. dass

► eine besondere Anfertigung von OHP-Folien entfällt,
► die Objekte bewegt werden können,
► direkt auf Bücher zugegriffen werden kann,
► hochwertige Bilder und Grafiken gezeigt werden können,
► das „Bild" von Gesetzestexten genau der Situation in der Gesetzessammlung entspricht,

können allerdings in der Prüfung kaum bei der Präsentation genutzt werden, weil dazu viel Erfahrung erforderlich ist.

Tz. 106

Allerdings wird die Vorbereitung der Präsentation erleichtert: Es müssen keine Folien angefertigt werden, die Visualisierung kann auf einem normalen Blatt Papier vorbereitet werden. Dazu stehen alle Möglichkeiten offen:

► Beschriftung per Hand oder Ausdruck aus Dateien,
► Übernahme von Fotos aus beliebigen Quellen[31],
► fast unbegrenzte Möglichkeiten von farbigen Gestaltungen,
► detailgetreue Wiedergabe von umfangreichen Abbildungen, z. B. von Organigrammen,
► Einbeziehung von Realien.

Für die Gestaltung der Vorlagen gelten dieselben Regeln wie für OHP-Folien.

---

31 Zu beachten sind rechtliche, insbesondere urheberrechtliche Einschränkungen.

5.2.6 Handout

Tz. 107

Ein Handout (Handzettel) ist eine Tischvorlage, die den Prüfern während der Präsentation vorliegen soll. Es dient der Orientierung und unterstützt das anschließende Fachgespräch. Das Handout soll die Informationen enthalten, die erforderlich sind, um die Ausführungen nachvollziehen zu können. Das kann z. B. die Gliederung sein oder ein Jahresabschluss mit Bilanz und GuV.

Die Arbeit mit schriftlichen Unterlagen während einer Präsentation erfordert von den Prüfern dreifache Aufmerksamkeit: auf die Präsentation, das gesprochene Wort und das Handout. Hierauf ist bei der Konzipierung der schriftlichen Unterlagen Rücksicht zu nehmen, bei Beachtung einiger einfacher Regeln ist das Handout aber eine wesentliche Unterstützung:

- ▶ Der mündliche Vortrag soll nicht „mitgelesen" werden, das lenkt ab. Deshalb darf ein Handout niemals den Text des Vortrages enthalten.
- ▶ Wichtige Fakten und vor allem Zahlen, auf die in der Präsentation Bezug genommen wird, sollen in dem Handout enthalten sein. Sie sind dann leichter nachzuvollziehen.
- ▶ Alle Angaben müssen den projizierten exakt entsprechen, sonst entsteht ablenkende Verwirrung.
- ▶ Das Handout soll kurz, knapp und übersichtlich sein und Platz bieten für Notizen.
- ▶ Es soll den Umfang von einer bis zwei DIN A4-Seiten nicht überschreiten.

Tz. 108

Analyse der Vermögens-, Finanz- und Ertragslage der Pink AG

von Karin Musterfrau

Bilanzen in T€					
Aktiva			Passiva		
	31.12.02	31.12.01		31.12.02	31.12.02
A. Anlagevermögen			A. Eigenkapital		
I. Immaterielle VG	24,2	16,6	I. Gezeichnetes Kapital	920,4	920,4
II. Sachanlagen	17.017,4	19.604,2	II. Kapitalrücklage	102,2	102,2
III. Finanzanlagen	880,8	840,8	III. Gewinnvortrag	4.835,2	573,0
	17.922,4	**20.461,6**	IV. Jahresüberschuss	1.684,0	4.262,2
B. Umlaufvermögen				**7.541,8**	**5.857,8**
I. Vorräte	791,6	772,6	B. Rückstellungen		
II. Forderungen und sonstige VG			I. Pensionsrückstellungen	4.447,4	4.174,0
1. aus LL	2.151,2	2.050,8	II. Steuerrückstellungen	224,6	498,2
2. sonstige VG	156,6	2.550,6	III. sonstige Rückstellungen	280,8	253,2
III. Wertpapiere	655,8	535,8		**4.952,8**	**4.925,4**
IV. Barmittel	1.403,4	40,0	C. Verbindlichkeiten		
	5.158,6	**5.949,8**	I. gegenüber Kreditinstituten	9.407,4	14.134,4
C. Rechnungsabgrenzungsposten	110,6	178,2	II. aus LL	789,6	1.172,0
			III. sonstige	500,0	500,0
				10.697,0	**15.806,4**
	23.191,6	**26.589,6**		**23.191,6**	**26.589,6**

II. Präsentation ausarbeiten

Gewinn- und Verlustrechnung 02 in T€

1.	Umsatzerlöse			21.693,2
2.	Sonstige betriebliche Erträge			362,4
3.	Materialaufwand			
	a) Aufwendungen für Roh-, Hilfs- und Betriebsstoffe		4.718,2	
	b) Aufwendungen für bezogene Leistungen		693,6	5.411,8
4.	Personalaufwand			
	a) Löhne und Gehälter		5.840,0	
	b) Sozialabgaben		1.927,2	7.767,2
5.	Abschreibungen			2.579,2
6.	Sonstige betriebliche Aufwendungen			2.550,0
7.	Zinsen und ähnliche Erträge			50,4
8.	Zinsen und ähnliche Aufwendungen			972,8
9.	Ergebnis der gewöhnlichen Geschäftstätigkeit			2.825,0
10.	Steuern			
	a) Steuern vom Einkommen und Ertrag			1.122,6
	b) Sonstige Steuern			20,4
	Jahresüberschuss			1.682,0

Kommentar: Auf nur einer Seite liegen die notwendigen Informationen für die Prüfer vor: Titel der Präsentation und alle Zahlen, die zur Beurteilung der Liquidität erforderlich sind.

Ein Handout darf die Präsentation weder wiederholen noch erweitern. Es dient allein zur Unterstützung.

HINWEIS
Die meisten IHKs erwarten, dass zur Dokumentation ein Ausdruck der Folien zur Verfügung gestellt wird. Diese Unterlage kann nach der mündlichen Prüfung übergeben werden. Die Prüfer können dann auch bei der Beratung darauf zurückgreifen. Sie darf (auch wenn sie von manchen IHKs so genannt wird) nicht mit dem Handout verwechselt werden.

TIPP
Aus praktischen Gründen, aber auch aus Höflichkeit sollte für jeden Prüfer ein eigenes Exemplar des Handouts zur Verfügung stehen.

5.3 Zusammenfassung

Tz. 109

ausgearbeitete Präsentation

		Visualisierung	
Gliederungspunkte		möglich	notwendig
Einleitung			
	Begrüßung	X	
	Vorstellung	X	
	Erläuterung Gliederung		X
Hauptteil			
			X
			X
			X
Schluss			
	Zusammenfassung	X	
	Dank	X	

6. Zeiteinteilung

Tz. 110

Die Dauer der Präsentation „soll nicht länger als 15 Minuten dauern."[32] Das bedeutet zwar nur, dass diese Zeit nicht überschritten werden darf, bei einer kürzeren Präsentation darf es deswegen keinen Punktabzug geben. Tatsächlich wird aber erwartet, dass die Viertelstunde ausgenutzt wird.

nicht länger als 15 Minuten

Bei wenig Übung besteht die Gefahr, dass zu viele Inhalte vorgesehen werden. Es ist jedoch besser, am Ende der Präsentation noch (wenig) Zeit zu haben, als kürzen und abbrechen zu müssen und die Inhalte nicht wie geplant vortragen zu können.

Während der Präsentation muss die Zeiteinteilung mehrfach kontrolliert werden. Deshalb muss eine gut ablesbare Uhr im Blickfeld platziert werden. Von den Prüfern wird das nicht als unprofessionell, sondern als Ausdruck einer sorgfältigen Vorbereitung gesehen.

Proben Sie Ihre Präsentation mit allen Details und unbedingt auch vor Zuhörern. Sie denken schneller als Sie sprechen, allein bekommen Sie kein Gefühl für die Zeit.

7. Spickzettel

Tz. 111

Ein Spickzettel soll während der Präsentation Sicherheit geben. Er wird genutzt, um den vorgesehenen Ablauf jederzeit prüfen zu können. Dazu werden den Gliederungspunkten jeweils Stichpunkte zugeordnet. Zusätzlich sind weitere Anmerkungen (z. B. „Folie 3 auflegen") möglich. Insbesondere, wenn subjektiv Schwachstellen bestehen, ist ein Spickzettel hilfreich.

Spickzettel

Ein Spickzettel soll vor allem eine Erinnerungshilfe sein.

Die geordneten Gedanken werden dazu auf Karteikarten oder einem DIN-A4-Blatt festgehalten. Vortragende, die wenig Erfahrung haben, können erfahrungsgemäß mit Karteikarten weniger souverän umgehen, deshalb empfiehlt sich die Skizzierung auf DIN-A4-Blättern.

Tz. 112

Karteikarten sind schwieriger zu handhaben und werden eher als hinderlich empfunden. Wenn sie abgelegt werden müssen (z. B. weil auf dem Flipchart geschrieben werden soll), können Karten sehr leicht durcheinander geraten. Wenn sie dann neu geordnet werden müssen, sind nicht nur die Präsentation und der Redefluss gestört, zusätzlich steigt auch die Nervosität.

Karteikarten

Tz. 113

Wegen der größeren Fläche werden bei Verwendung von DIN-A4-Blättern nur wenige Seiten benötigt, zusätzlich lassen sich die Notizen übersichtlicher anordnen.

DIN-A4-Blätter

Auf den Blättern werden – korrespondierend mit der erarbeiteten Gliederung – Informationsblöcke gebildet, um die Orientierung zu erleichtern. Die Stichwörter müssen groß und deutlich geschrieben werden. Sie müssen auch dann noch lesbar sein, wenn ein Blatt aus der Hand gelegt werden muss. Die Beschriftung erfolgt immer nur einseitig, das erleichtert die Handhabung.

In jedem Fall dürfen die Notizblätter nur Stichwörter enthalten. Bei einem ausformulierten Text besteht die Gefahr, dass abgelesen wird. Das wirkt immer steif und unbeholfen, der Blickkontakt zu den Prüfern geht verloren, der Vortrag verliert an Lebendigkeit und wirkt unsicher.

Blätter oder Karteikarten sollten immer durchnummeriert werden. In der Aufregung können sie schnell durcheinander geraten oder aus der Hand rutschen. Eine schnelle neue Sortierung ist dann nur anhand der Seitenzahlen möglich.

Alle schriftlichen Unterlagen (z. B. Flipchart-Bögen, Spickzettel, Notizen usw.) verbleiben nach der Prüfung bei der IHK. I. d. R. werden sie aufbewahrt, bis die Einspruchsfrist abgelaufen ist.

---

32 § 6 Abs. 5 BibuchhFPrV.

III. Präsentation durchführen

1. Kommunikation

Tz. 114

Bei der Präsentation werden die Prüfer – oft unbewusst – auf verschiedenen Kommunikationsebenen angesprochen:

Kommunikationsebenen

Abb. 21: Kommunikationsebenen

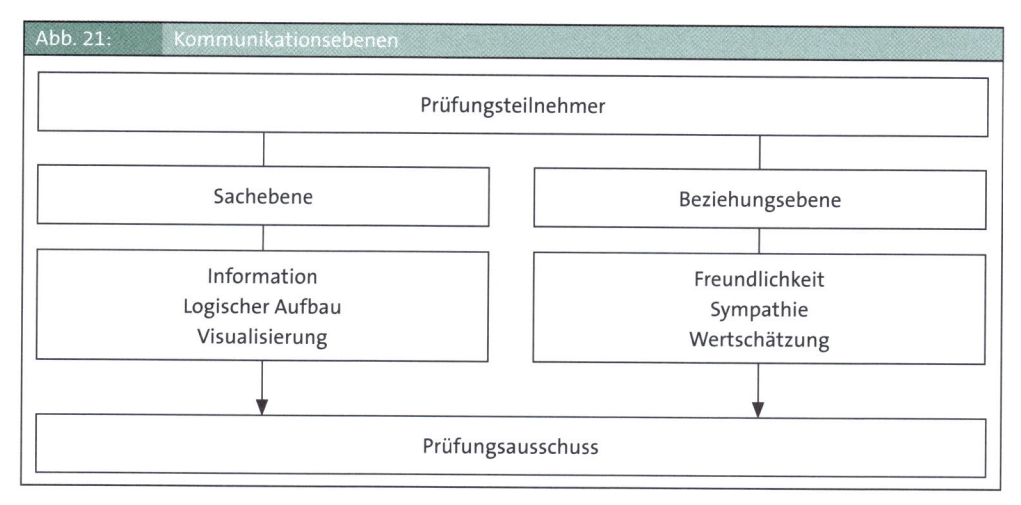

```
                    Prüfungsteilnehmer
                    /              \
              Sachebene          Beziehungsebene
                 |                    |
            Information           Freundlichkeit
          Logischer Aufbau          Sympathie
           Visualisierung         Wertschätzung
                 \                    /
                    Prüfungsausschuss
```

Für eine erfolgreiche Präsentation wird es darauf ankommen, beide Ebenen in einem ausgewogenen Verhältnis zu berücksichtigen.

1.1 Vorbereitende Überlegungen

Tz. 115

Wenn Ihnen eine andere Präsentation gefällt, wenn für Sie überzeugend ist, wie jemand sich ausdrückt und die Dinge interessant auf den Punkt bringt, dann probieren Sie es auch in dieser Art. Abgucken ist üblich und keineswegs unanständig.

1.1.1 Kleidung

Tz. 116

Kleidung beeinflusst in hohem Maße, wie man auf andere wirkt. Sie ist einerseits Ausdruck der Persönlichkeit, soll aber andererseits auch den spezifischen Erwartungen in einer bestimmten Situation entsprechen.

dem Anlass entsprechend

Übertrieben festliche Mode ist bei Prüfungen ebenso unangemessen wie bewusst sportliches oder allzu schrilles Aussehen.

Die Prüfer gehen davon aus, dass der Prüfungstermin für die Teilnehmer ein wichtiger Tag ist und sie bemühen sich, das bei Kleidung und Verhalten zu berücksichtigen. Sie erwarten konsequent diese Einstellung bei den Teilnehmern.

Die Kleidung sollte bequem und komfortabel, aber dem Anlass entsprechend auch ein positives und gepflegtes äußeres Erscheinungsbild bieten.

Absolut unangemessen sind z. B.
- Motorradkleidung
- Trainingsanzüge
- Jeans mit T-Shirt
- kurze Hosen
- ein betont tiefer Ausschnitt
- extrem kurze Röcke

Tz. 117
Selbstverständlich darf die Kleidung – eigentlich – keinen Einfluss auf das Prüfungsergebnis haben. Sie signalisiert aber, welcher Stellenwert der Prüfung zugemessen wird. Wenn sie zum Ausdruck bringt, dass jemand offenbar „nur mal kurz vorbei schauen" will, um sich das Zeugnis abzuholen, kann das leicht als Provokation empfunden werden.

1.1.2 Nervosität

Tz. 118

Lampenfieber

Eine so wichtige Präsentation wie in der Prüfung ruft immer diffuse Ängste hervor. Lampenfieber zeugt von der Anspannung, angesichts der bevorstehenden anspruchsvollen Herausforderung die erwartete Leistung erbringen zu können.

Angst vor der mündlichen Prüfung ist zwar unnötig, Respekt aber angebracht. Die Prüfung stellt eine Ausnahmesituation dar, die Teilnehmer werden von Personen bewertet, die sie i. d. R. vorher noch nie gesehen haben. Dabei kann die weitere berufliche – und oft auch die private – Entwicklung vom Ergebnis der Prüfung abhängen.

Eine gewisse Nervosität ist völlig normal, alles andere würde eine Gleichgültigkeit dokumentieren, die wirklich unangebracht wäre. Überzogene Gelassenheit kann ein Zeichen von Selbstüberschätzung sein.

Lampenfieber ist aber keineswegs nur nachteilig. Anspannung setzt Stresshormone frei, Konzentration und Aufmerksamkeit nehmen zu, die Leistungsfähigkeit steigt. Erst übertriebene Prüfungsangst verhindert, den erlernten und eigentlich beherrschten Stoff auch abzurufen. Der Informationsaustausch zwischen den Nervenzellen funktioniert dann nicht mehr reibungslos und der gefürchtete Blackout kann sich einstellen.

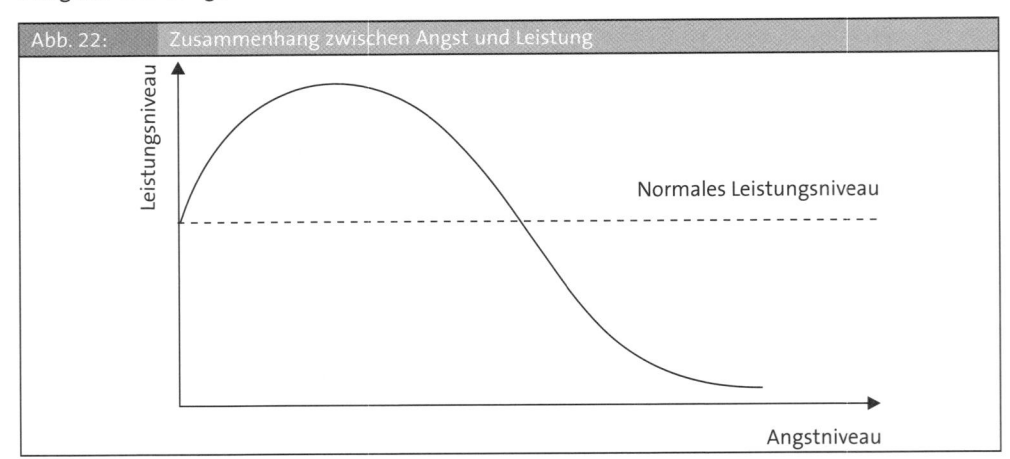

Abb. 22: Zusammenhang zwischen Angst und Leistung

[Diagramm: Kurve zeigt Leistungsniveau in Abhängigkeit vom Angstniveau; die Kurve steigt zunächst über das normale Leistungsniveau an und fällt dann stark ab.]

Tz. 119
Die Mitglieder des Prüfungsausschusses werden sich bemühen, die Prüfungsangst so weit wie möglich zu nehmen. Alle Teilnehmer können sicher davon ausgehen, dass die Prüfer ihnen gegenüber wohlwollend eingestellt sind. Ein „Runterprüfen", das vielfach unterstellt wird, gibt es nicht.

Solange die Leistung nicht wesentlich beeinträchtigt wird, müssen keine Gegenmaßnahmen getroffen werden. Tatsächlich besteht aber ein Bedürfnis, die fast unvermeidliche Nervosität zu bekämpfen. Sie wird dadurch nicht verschwinden, kann aber weniger bedrohlich empfunden werden.

Tz. 120
Selbstverständlich sollte jeder bestrebt sein, möglichst entspannt und angstfrei in die mündliche Prüfung zu gehen. Eine positive Einstimmung in den Tagen vorher schafft die Voraussetzung für eine gelassene Haltung.

Entspannungstechniken

Zu der mentalen Vorbereitung gibt es zahlreiche Empfehlungen, sie sind aber letztlich nur zufällig nützlich. Jeder weiß am besten, was optimal zu seiner persönlichen Entspannung beiträgt. Auch gut gemeinte und noch so oft wiederholte Ratschläge können aber nicht verhindern, dass die bevorstehende Prüfung Unsicherheit auslöst.

Wenn Entspannungstechniken (z. B. Autogenes Training, Yoga) beherrscht werden, können sie erfolgreich genutzt werden. Ein Erlernen nur zu diesem Zweck erscheint jedoch nicht sinnvoll. Vergleichsweise einfach kann man aber auf eine tiefe Atmung achten.

> Vor dem Prüfungstag sollten Sie sich einen ruhigen Abend gönnen und sich selbst etwas Gutes tun. Wie das konkret aussieht, wissen Sie selbst am besten. Hören Sie Ihre Lieblingsmusik, nehmen Sie ein Schaumbad oder machen Sie einen entspannten Spaziergang – oder auch etwas ganz anderes. Wenn es dazu bei Ihnen Rituale gibt, greifen Sie darauf zurück.
>
> Tabu ist selbstverständlich alles, was Ihre Leistungsfähigkeit und Konzentration am folgenden Tag beeinträchtigen könnte.

Eine gründliche fachliche Vorbereitung gibt die unbedingt notwendige Sicherheit. Wer gut vorbereitet ist, kann mit Selbstbewusstsein in die Prüfung gehen. Die Anforderungen sind zwar hoch, bei entsprechender Vorbereitung aber auch gut zu bewältigen. *(fachliche Vorbereitung)*

1.2 Allgemeine Regeln

1.2.1 Zeiteinteilung

Tz. 121

Die Präsentation darf keinesfalls länger dauern als 15 Minuten. Die Prüfungsausschüsse erwarten aber, dass diese Zeit auch genutzt wird. Eine kürzere (wohl aber eine längere) Zeit darf zwar nicht zu Punktabzügen führen, aber es ist im eigenen Interesse der Teilnehmer, die gesamte zur Verfügung stehende Viertelstunde zu nutzen, um die Prüfer zu überzeugen. *(Zeit genau ausnutzen)*

1.2.2 Blickkontakt

Tz. 122

Eine Präsentation richtet sich an das Publikum, deshalb muss sie auch zum Publikum hin erfolgen. Der Blickkontakt spielt bei der Kontaktaufnahme zu den Prüfern eine entscheidende Rolle. Die Augen werden nicht nur zum Sehen genutzt, sie sind auch ein wesentlicher Teil des Kontaktes mit den Prüfern. Etwa zwei Drittel der nonverbalen Kommunikation verlaufen über die Augen. Wenn sich die Prüfer in die Präsentation einbezogen fühlen, ist ihre Aufmerksamkeit höher. *(Blickkontakt)*

Deshalb soll der Blick nicht auf das technische Präsentationsmedium gerichtet werden, sondern auf die Zuhörer. Blickkontakt signalisiert Interesse am Thema und am Publikum. Wenn der Blickkontakt dagegen vermieden wird, führt das i. d. R. zu negativen Wirkungen:

Verhalten	Wirkung
Vermeidung von Blickkontakt mit den Prüfern	Unsicherheit
Blick auf den Boden oder an die Decke	Souveränität fehlt, schlechte Vorbereitung
Ständiger Blick aus dem Fenster	Arroganz, geringes Interesse

> Auf keinen Fall darf mit dem Rücken zum Prüfungsausschuss von der Projektionsfläche abgelesen werden.
>
> Schauen Sie den Prüfern bewusst direkt in die Augen, das baut eine Verbindung auf und sichert das Interesse an der Präsentation. Stellen Sie sich möglichst frontal den Prüfern gegenüber, kehren Sie ihnen niemals den Rücken zu.

Tz. 123

Zusätzlich zum Blickkontakt hilft ein freundliches Lächeln, eventuelle Barrieren zu überwinden und Sympathie aufzubauen. *(Lächeln)*

> Bauen Sie den Blickkontakt schon auf, bevor Sie mit der Präsentation beginnen. Die Prüfer fühlen sich dann bereits angesprochen.

1.2.3 Sprache

Fachsprache

Tz. 124

Der Sprachstil ist Ausdruck der Persönlichkeit und kurzfristig kaum zu beeinflussen. Die Teilnehmer werden sich bemühen, verständlich und präzise zu formulieren und dabei möglichst die Fachsprache korrekt zu benutzen.

- Es ist ein Unterschied, ob ein Vermögensgegenstand aktiviert werden muss, soll, kann oder darf.
- Die Begriffe „Vermögensgegenstand", „Vermögenswert" und „Wirtschaftsgut" sind nicht identisch, dürfen also auch nicht verwechselt werden.

Eine unklare Formulierung führt unweigerlich zu Nachfragen.

Begriffspaare

Tz. 125

Zur Anwendung einer korrekten Fachsprache gehört auch, dass Begriffe aus anderen Handlungsbereichen vermieden werden.

Aufwand ↔ Kosten

Herstellungskosten ↔ Herstellkosten

Unternehmen ↔ Firma

Füllwörter

Tz. 126

Das Vermeiden von Füllwörtern („äh", „und so", „und so was") und Verlegenheitsfloskeln („ziemlich", „krass", „vielleicht") trägt einfacher und sicherer zu einem angemessenen Vortragsstil bei als das mühsame und letztlich gezwungen wirkende Einüben von rhetorischen Stilmitteln.

Bitten Sie Vertrauenspersonen darum, Sie in der Vorbereitungsphase – nicht nur bei fachlichen Darstellungen – auf Füllwörter hinzuweisen. Diese Redewendungen haben sich nämlich in Ihrer Umgangssprache eingeschliffen.

Einige einfache Regeln für das Gespräch lassen sich leicht umsetzen:

Fachbegriffe

Tz. 127

Die Sprache soll einfach und klar sein. Der gezielte und korrekte Einsatz der Fachbegriffe vereinfacht den angestrebten Mittelweg zwischen simpler Alltagssprache und hochwissenschaftlicher Unverständlichkeit.

Eine scheinbar lockere Umgangssprache ist tabu.

Angemessen	Unbedingt vermeiden
Der Kunde ist überzeugt.	Ich habe den Kunden im Sack.
Es droht die Insolvenz.	Die sind pleite.
Es besteht ein Liquiditätsproblem.	Der Beutel ist leer.
Das Unternehmen ist in einer schwierigen Situation.	Die haben geloost.

aktive Ansprache

Tz. 128

Die Prüfer sollen direkt angesprochen werden. Die Aufmerksamkeit steigt mit einer aktiven Ansprache.

Vermeiden	Besser
„Aus meinen Ausführungen kann man ersehen ..."	„Sie erkennen aus meiner Darstellung, dass ..."
„Die Kennzahlen zeigen, dass ..."	„Sie können aus der Veränderung der Kennzahl ersehen, dass ..."
„Man kann den Schluss ziehen, ..."	„Als Ergebnis erkennen Sie, ..."

angemessene Lautstärke

Tz. 129

Eine angemessene Lautstärke wird kein Problem darstellen, weil die Prüfungsräume meistens nicht groß sind und deshalb die Lautstärke nicht verändert werden muss.

Beginnen Sie trotzdem bewusst laut und deutlich. Das gibt Sicherheit und stärkt bei den Prüfern die Erwartungen auf eine spannende Darstellung.

Tz. 130

Durch entsprechende Betonung wird jeder Satz mit einem Punkt abgeschlossen. Das ist eigentlich unproblematisch, bei größerer Aufregung sollte aber bewusst darauf geachtet werden. Eine monotone Stimmlage ermüdet irgendwann.

Betonung

Eine tiefe Stimmlage wirkt kompetenter.

Tz. 131

Bei den Formulierungen sollen alle Formen von Abschwächung vermieden werden. Sie werden immer als Unsicherheit interpretiert werden.

Formulierungen

Schlecht	Besser
„Ich möchte darauf hinweisen …"	„Ich weise darauf hin, …"
„Die Lösung könnte darin liegen, …"	„Als Lösung schlage ich vor, …"
„Das Vorgehen könnte irgendwie gefährlich sein."	„Dieses Vorgehen ist gefährlich."
„Man könnte sagen, …"	„Ich stelle fest, …"
„Ich würde sagen, …"	„Nach meiner Meinung …"
„Ich hätte den Vorschlag, …"	„Ich mache also folgenden Vorschlag: …"

Tz. 132

Die Sprechgeschwindigkeit ist natürlich vom Temperament und der Persönlichkeit abhängig, in der verständlichen Aufregung sprechen die meisten Teilnehmer aber viel zu schnell. Dann können die Prüfer den Ausführungen nur angestrengt folgen (was zu unbewusstem Widerstand führt). Eine schnelle Sprechweise wirkt oberflächlich, wenig ernsthaft und letztlich inkompetent.

Sprechgeschwindigkeit

▶ Sprechen Sie die ersten Sätze bewusst langsam und mit Pausen.
▶ Bitten Sie in der Vorbereitungsphase Kollegen, Freunde und Verwandte, gezielt auf Ihr Sprechtempo zu achten und Ihnen dazu Hinweise zu geben.

Tz. 133

Atempausen verlangsamen die Sprechgeschwindigkeit und teilen den Vortrag sinnvoll ein. Sie ermöglichen den Prüfern, die Darstellungen einzuordnen und sich auf die nächsten Punkte einzustellen. Unterbrechungen bis zu drei Sekunden werden nicht als Pausen wahrgenommen. Für den Vortragenden wirken Unterbrechungen i. d. R. deutlich länger als für die Zuhörer.

Atempausen

Tz. 134

Kurze klare Sätze wirken – besonders mit gezielten Pausen – überzeugender als Schachtelkonstruktionen und sind leichter nachzuvollziehen. Hauptsachen werden in Hauptsätzen dargestellt, weniger wichtige Mitteilungen gehören in Nebensätze.

kurze klare Sätze

Sprechen Sie „frei", auf keinen Fall dürfen Ihre Ausführungen abgelesen werden. Ein Spickzettel (mit Stichwörtern) ist aber selbstverständlich sinnvoll.

Tz. 135

Um besondere Aspekte hervorzuheben, können Lautstärke und Sprechtempo variiert werden.

Hervorhebungen

Selbstbewusste Personen sprechen lauter und mit stärkerer Betonung.

Tz. 136

Ergebnisse oder besondere Aussagen können durch Formulierungen wie „Mir ist wichtig, …", „Ich weise darauf hin, dass …" oder „Als Konsequenz ergibt sich …" betont werden. Das gibt Struktur und Sicherheit.

besondere Aussagen

Tz. 137

Fremdwörter wirken leicht aufgesetzt, sie sollten deshalb möglichst nur benutzt werden, wenn die Fachsprache das erfordert.

Fremdwörter

Viele Prüfer kennen den Spruch (und finden ihn lustig): „Fremdwörter können uns nicht imprägnieren."

Tz. 138

Versprecher · Versprecher sind in einer angespannten Situation verständlich und unproblematisch.

Wiederholen oder korrigieren Sie sich, eine Entschuldigung würde Unsicherheit zeigen und ist nicht erforderlich.

Tz. 139

Wenn Sie glauben, dass Ihre Deutschkenntnisse Probleme bereiten, können Sie bei der persönlichen Vorstellung unkompliziert darauf hinweisen, z. B. „Mein Name ist …, ich bin in … aufgewachsen und lebe erst seit sechs Jahren in Deutschland …". Ein Nachteil wird Ihnen daraus nicht entstehen.

1.3 Unterstützende Körpersprache

Tz. 140

Körperhaltung · Die Körperhaltung spielt für die Wirkung einer Präsentation eine wesentliche Rolle. Beabsichtigt oder unbeabsichtigt werden Signale ausgesandt, die einen Eindruck von der Persönlichkeit und der Einstellung der Teilnehmer vermitteln. Körper und Seele spielen zusammen und vermitteln mehr, als es die verbale Kommunikation allein vermag. Eine offene, gerade Haltung vermittelt Selbstsicherheit. Es ist deshalb wichtig, sich diesen Zusammenhang bewusst zu machen.

Die Körperhaltung ist zwar kurzfristig nur schwer zu kontrollieren und zu verändern, aber zumindest können extreme Auswirkungen vermieden werden, wenn die wichtigsten Regeln beachtet werden.

Wenn übertriebene Ängstlichkeit und Zurückhaltung vermittelt wird,

kann das genauso unpassend erscheinen wie eine übertrieben zur Schau getragene Selbstsicherheit, die leicht als Provokation empfunden werden kann.

Tz. 141

Für eine Prüfung erscheint eine natürlich wirkende, freundlich aufgeschlossene, sichere Ausstrahlung angemessen, die zu einer angenehmen Atmosphäre beiträgt. Sie soll neugierig machen auf die Persönlichkeit, mit der anschließend ein Gespräch geführt werden soll.

Ausstrahlung

Nehmen Sie bewusst einen festen Stand ein. Bewusster Bodenkontakt gibt ein sicheres Gefühl.

> Wenn Sie sich langsam und kontrolliert bewegen, ergibt sich ein ruhigerer Stand von allein, gleichzeitig wirken Sie kompetenter und souveräner.

1.3.1 Gestik

Tz. 142

Bewegungen der Hände, der Arme und des Kopfes zur kommunikativen Unterstützung der Sprache werden als Gestik bezeichnet. Mit angemessener Gestik werden Sachverhalte verdeutlicht und unterstrichen. Insbesondere mit der Bewegung der Hände können Akzente gesetzt und Aufmerksamkeit erreicht werden.

Gestik

> Ein Vortrag ohne Gestik ist nicht denkbar. Besonders die Hände sind immer mit einbezogen und damit ein Teil der Kommunikation.

Aktion	Bedeutung
Kein Blickkontakt	Unsicherheit
	Überheblichkeit
Arme vor der Brust verschränken	Ablehnung
	Selbstschutz
Sitz der Brille korrigieren	Nachdenklichkeit
	Zeit gewinnen
Hände auf dem Rücken	Autoritätshaltung
	Arroganz

Tz. 143

Gesten können verschiedene Funktionen übernehmen:

Ziel	Funktion	Beispiele
Synonyme	Sie ersetzen verbale Formulierungen	Erhobener Zeigefinger Auf den Tisch hauen
Beschreibungen	Sie unterstützen die verbalen Formulierungen	Ausstrecken der Arme für „groß" Zusammenführen von Zeigefinger und Daumen für „winzig"
Rückmeldung	Sie zeigen Einverständnis oder Ablehnung	Kopfschütteln Wegwischen mit der Hand
Hervorhebungen	Sie unterstreichen und unterstützen	Erhobener Daumen Zeigefinger und Daumen werden zusammengedrückt und kurz bewegt

Es ist nicht entscheidend, welche Formen der Gestik genau benutzt werden. Wichtig ist dagegen, dass überhaupt gestikuliert wird.

1.3.2 Mimik

Tz. 144

Sichtbare Bewegungen im Gesicht werden als Mimik bezeichnet. Besonders die Veränderungen von Augen und Mund, die oft in Bruchteilen von Sekunden ablaufen, sind eine wichtiger

Mimik

und signifikanter Teil der nonverbalen Kommunikation. Emotionalität, Hilfesuche und Appelle sind ebenso erkennbar wie Sicherheit, Souveränität und Aufgeschlossenheit. Der Gesichtsausdruck kann gezielt zur Belebung und Unterstützung der Präsentation eingesetzt werden.

Aktion	Bedeutung
Stirnrunzeln	Entrüstung
	Zweifel
Lippen zusammenpressen	Zorn
	Starrsinn
Augenbrauen zusammenziehen	Ärger
	Nachdenklichkeit
Griff an die Nase	Verlegenheit
	Peinlichkeit
Kinn streichen	Nachdenklichkeit
	Selbstgefälligkeit

In der Prüfung signalisiert ein freundlicher Gesichtsausdruck den Prüfern: „Der Teilnehmer spricht gerne mit uns."

Ein „Zahnpaste-Lächeln" wirkt dagegen angelernt und unsicher, es verfehlt seinen Zweck.

1.4 Auflockerung der Präsentation

Tz. 145

Auflockerung

Bei wenig geübten Vortragenden besteht die Gefahr, dass durch die Konzentration auf die fachlichen Aspekte die Präsentation steif und trocken wirkt. Zur Auflockerung können deshalb z. B.

- ▶ Sprichwörter,
- ▶ Zitate,
- ▶ tatsächliche oder erfundene Begebenheiten,
- ▶ Hinweise auf aktuelle Presseberichte oder
- ▶ Erlebnisse mit Freunden/Kollegen

vorgesehen werden. Das wirkt souverän und erlaubt allen Beteiligten kurze Erholungsphasen. Wenn dann noch ein Schmunzeln erreicht wird, führen solche Elemente zusätzlich zu einer angenehmen und positiven Stimmung.

„Eine gute Rede soll das Thema erschöpfen, nicht die Zuhörer." (*Churchill*)

1.5 Was gar nicht geht

Tz. 146

grundlegende Fehler

Die Einschätzung der fachlichen Leistung ist für die Prüfungskommission im Allgemeinen kein Problem, wohl aber die Beurteilung der didaktischen Konzeption. Die meisten Prüfer sind keine Pädagogen, sie erkennen auch selbstkritisch, dass eine gesicherte und begründete Bewertung einer Präsentation pädagogische Kenntnisse und Erfahrung voraussetzt. Einige grundlegende Fehler werden sie aber immer erkennen oder zumindest spüren:

- ▶ **Kein Blickkontakt zu den Zuhörern:** Die Prüfer erwarten, dass ihnen persönlich ein Thema vorgetragen wird, nicht irgendwem in einem imaginären Raum.
- ▶ **Mit dem Rücken zum Prüfungsausschuss stehen:** Bei einer Präsentation neigen ungeübte Vortragende dazu, zur Leinwand zu blicken, um zu ihrer eigenen vermeintlichen Sicherheit jede neue Folie zu kontrollieren.
- ▶ **Eintöniges, leises und langsames Sprechen in immer gleicher Tonlage:** Eine lebhafte Sprache ist für die Prüfer ein anderes Erlebnis und führt zu einem positiveren Gesamteindruck.

- ▶ **Von Folien ablesen:** Visuelle Gestaltungselemente sollen die Aussagen erläutern, unterstützen und verdeutlichen, aber auf keinen Fall wiederholen. Die Prüfer sehen – und lesen – ohnehin, was projiziert wird. Eine Wiederholung ist unnötig, langweilig und kostet Zeit.
- ▶ **Zu viel Text projizieren:** Zuhörer (nicht nur die Prüfer) lesen alle grundsätzlich erst einmal, was ihnen an Text gezeigt wird bzw. beschäftigen sich mit den grafischen Darstellungen. Dann werden sie nicht gleichzeitig zuhören.
- ▶ **Folien zu kurz oder zu lang auflegen:** Wenn die vorgetragenen Inhalte durch die Visualisierung unterstützt werden sollen, müssen Wort und Bild synchronisiert sein. Andernfalls wirkt die Präsentation unprofessionell zusammengestückelt.

2. Bewertung der Präsentation

Tz. 147
Die Bewertung einer Präsentation erfolgt nach wenigen hauptsächlichen Kriterien: *Kriterien*
1. Sind die Anforderungen der Prüfungsordnung an das Thema erfüllt?
2. Ist der Aufbau logisch strukturiert?
3. Ist die Darstellung situationsgerecht?
4. Sind die Ausführungen fachlich korrekt?
5. Sind die Präsentationsmittel situationsgerecht ausgewählt und eingesetzt?
6. Wird eine angemessene (Fach-)Sprache benutzt?
7. Wird die zeitliche Vorgabe eingehalten?

Tz. 148
Die Zuordnung zu den Noten ergibt sich aus der nachfolgenden Tabelle:[33] *Bewertungsskala*

Abb. 23: Bewertungsskala

Note	Punkte	Kriterien
sehr gut	100–92	1. Das Thema ist optimal gegliedert 2. Die Gedankenführung und Darstellung sind völlig logisch. 3. Die Darstellung ist streng zielorientiert.
gut	91–81	1. Das Thema ist zweckmäßig gegliedert 2. Die Gedankenführung und Darstellung sind logisch richtig. 3. Die Darstellung ist durchgehend zielorientiert.
befriedigend	80–67	1. Das Thema ist noch sachgerecht, jedoch nicht optimal gegliedert. 2. Die Gedankenführung und Darstellung sind im Allgemeinen logisch. 3. Eine Zielorientierung ist erkennbar.
ausreichend	66–50	1. Das Thema ist umständlich und nicht in allen Punkten sachgerecht gegliedert. 2. Teilweise treten leichte Fehler in der Logik auf. 3. Eine Zielorientierung ist in großen Teilen erkennbar.
Nicht bestanden	49–30	1. Das Thema ist nur in kleinen Teilen sinnvoll gegliedert. 2. Teilweise treten erhebliche logische Fehler auf. 3. Eine Zielorientierung ist kaum erkennbar.
	29–0	1. Das Thema ist nicht oder völlig unsystematisch gegliedert. 2. Die Gedankenführung ist unlogisch. 3. Grundwissen ist nicht vorhanden

---

[33] *Industrie- und Handelskammern Aachen, Arnsberg, Bonn/Rhein-Sieg, Dortmund, Düsseldorf*, Prüfungskompass, 3. Aufl., Bonn 2004, S. 155.

III. Präsentation durchführen

Bewertungsbogen

Tz. 149
Die mögliche Umsetzung zeigt ein Bewertungsbogen:

Abb. 24: Bewertungsbogen		
1. Präsentation		**max. 33 Punkte**
Aufbau, Inhalt und Gliederung		
Bewertungskriterien	Anmerkungen zur Leistungsabwertung	Punkte
Fachlich richtige und vollständige Erläuterung des Sachverhalts/der Aufgabenstellung/der Problemlösung und ggf. vertretbarer Alternativen		
Methodik		
Medien-Einsatz/Visualisierung: Demonstrationsmittel (z. B. saubere, lesbare Folien, Plakate etc.)		
Sprachliche Gestaltung, angemessene Ausdrucksweise (laut, verständlich), Sprechpausen, Sichere Verwendung von Fachbegriffen		
Mimik/Gestik		
„Roter Faden" ist erkennbar		
Abschluss: Resumee, Aussicht		
Einhalten des zeitlichen Rahmens (15 Minuten) und Eröffnung		
	Zwischensumme	

IV. Fachgespräch

Tz. 150

Das Fachgespräch findet unmittelbar im Anschluss an die Präsentation statt. Der Prüfungsausschuss macht eine kurze Pause, damit die Teilnehmer ihren Arbeitsplatz sortieren können, kurz durchatmen und Platz nehmen können.

nicht länger als 30 Minuten

Das Fachgespräch „soll nicht länger als 30 Minuten dauern".[34] Eine kürzere oder längere Zeit muss begründet sein und auch protokolliert werden.[35]

Im Fachgespräch soll die fachliche Kompetenz des Prüfungsteilnehmers erfasst werden. Er soll nachweisen, dass er „in der Lage ist, Probleme der betrieblichen Praxis zu analysieren und Lösungsmöglichkeiten unter Beachtung der maßgebenden Einflussfaktoren zu bewerten".[36] Die zielführende Darstellung des Sachverhaltes und der damit verbundenen Probleme steht im Vordergrund, anspruchsvolle rechnerische Lösungen werden nicht erwartet.

Tz. 151

Im Dialog werden fachliche Fragen, Arbeitsaufgaben, betriebliche Prozesse und Arbeitsplanungen zwischen Prüfern und Prüfungsteilnehmern erörtert und mögliche Lösungsalternativen bewertet. Probleme, Lösungen und Vorgehensweisen werden diskutiert. Prüfer und Prüfungsteilnehmer haben einen gleichwertigen oder zugunsten der Prüfungsteilnehmer höheren Gesprächsanteil.[37]

Dialog

Die Prüfungsverordnung sieht für das Fachgespräch keine thematischen Einschränkungen vor. Das bedeutet, dass es sich auf alle (!) Handlungsbereiche erstrecken kann. Zur Vorbereitung muss also der gesamte Lernstoff wiederholt werden, damit er auch im letzten Prüfungsabschnitt wieder präsent ist.

> Zur mündlichen Prüfung muss der gesamte Lernstoff aus allen Handlungsbereichen nochmals präsent sein. Eine thematische Einschränkung ist nicht möglich.

HINWEIS

Tz. 152

Aus Sicht der Prüfungsteilnehmer besteht der Vorteil eines Fachgesprächs darin, dass die Prüfer stark lenkend und unterstützend aktiv teilnehmen können. Durch gezieltes Nachfragen kann auf fachliche Probleme aufmerksam gemacht werden. Durch Hilfestellungen kann verhindert werden, dass der Lösungsprozess sich in eine falsche Richtung entwickelt.

Die Aussagefähigkeit des Fachgesprächs zur beruflichen Handlungskompetenz und praktischen Leistungsfähigkeit ist dagegen eher gering.[38]

1. Kommunikationsform

Tz. 153

Im Fachgespräch sind – neben den Regeln, die bereits für die Präsentation gelten – weitere Hinweise zu beachten:

Die Antworten sollen kurz und präzise möglichst genau auf die Frage eingehen. Weitergehende Ausführungen bieten Ansätze für Anschlussfragen. Sie sind nur sinnvoll, wenn die Prüfer tatsächlich darauf hingelenkt werden sollen. Das ist eine Chance, die aber nur sehr selten bewusst eingesetzt werden kann.

Antworten kurz und präzise

> Je länger Ihre Antwort ist, desto größer ist die Gefahr, dass Sie sich verheddern. Der Argumentationsfaden geht schnell verloren, es entstehen „Angebote" für Fragen in neuen – von den Prüfern möglicherweise gar nicht beabsichtigten – Themenbereichen.

MERKE

---

34 § 6 Abs. 6 BiBuchhFPrV.
35 *Urbanek*, Zulässige Dauer einer Prüfung, in: PrüfungsPraxis Nr. 47, o. O. (Bonn) 2011, S. 4 ff.
36 § 6 Abs. 6 BibuchhFPrV.
37 Vgl. *Schmidt*, Prüfungsmethoden in der beruflichen Aus- und Weiterbildung, hrsg. von der DIHK-Gesellschaft für berufliche Bildung, Bonn 2011, S. 66.
38 Vgl. *Schmidt*, Prüfungsmethoden in der beruflichen Aus- und Weiterbildung, hrsg. von der DIHK-Gesellschaft für berufliche Bildung, Bonn 2011, S. 72 f.

IV. Fachgespräch

keine Nachfragen provozieren

Andererseits sollen die Antworten so ausführlich sein, dass keine ergänzenden Nachfragen provoziert werden. Das geht am einfachsten, wenn sie kurz begründet werden.

	Vorteile	Nachteile
Kurz und präzise	Den Prüfern werden keine „Angebote" durch längere Ausführungen gemacht.	Anschlussfragen lassen sich schwer abschätzen.
	Das Themenspektrum kann größer sein.	Bei neuen Themen ist unklar, ob sie beherrscht werden.
	Hilfestellungen durch die Prüfer sind einfacher.	Lange Ausführungen können als Ablenkung verstanden werden.
	Kurze Begründungen zeigen Kompetenz.	
Lang und ausführlich	Wenn ein Thema ausführlich reflektiert werden kann, zeigt das umfangreiches Fachwissen.	Es besteht die Gefahr, sich zu verheddern.
	Es besteht die Chance, die Prüfer auf gewollte/beherrschte Themen zu lenken.	Unbeabsichtigt werden Begriffe benutzt, an die sich Fragen anschließen können.
	Ein (in der Prüfungsverordnung nicht vorgesehenes) Frage-und-Antwort-Spiel wird vermieden.	Die Prüfer können den Verdacht haben, dass abgelenkt werden soll.

Die Antworten können mit einfachen (wenig ausladenden) Gesten mit den Händen unterstrichen werden. Damit ist dann auch das Problem gelöst, wo die Hände bleiben sollen.

2. Ziele und Aufgaben

Tz. 154

Das Gespräch soll den Prüfern zeigen, dass die Teilnehmer betriebspraktische Probleme lösen und die Lösungsmöglichkeiten bewerten können. Mit den Prüfern soll ein fachlicher Dialog geführt werden.

Ziele und Aufgaben

Der Teilnehmer soll

- ▶ Fragen beantworten,
- ▶ eigene Gedanken begründen,
- ▶ Hintergründe erläutern,
- ▶ eine fachliche Meinung äußern und
- ▶ eigene Positionen auch in einer Diskussion verteidigen

können. Dadurch soll das Verständnis für fachliche Probleme und eine sachgerechte Lösung erkennbar werden. Das erfordert Verständnis für die Problemstellung und die Kenntnis von alternativen Vorgehensweisen. Ihr Sinn und die Zusammenhänge mit anderen betriebswirtschaftlichen Bereichen müssen erkannt werden.

Es geht im Fachgespräch nicht darum, in erheblichem Umfang Wissen abzufragen, dazu eignet sich eine schriftliche Prüfung besser.

TIPP
Trotz der klaren Definition wird von manchen Prüfungsausschüssen weiter lediglich Wissen in einem Frage-Antwort-Spiel abgefragt. Deshalb müssen Sie sich auch darauf einrichten.

Tz. 155

prinzipielle Leitvorstellungen

Die prinzipiellen Leitvorstellungen von IHK-Prüfungen ergeben die folgenden Orientierungen auch für die mündliche Bilanzbuchhalterprüfung:[39]

---

39 *Industrie- und Handelskammern Aachen, Arnsberg, Bonn/Rhein-Sieg, Dortmund, Düsseldorf*, Prüfungskompass, 3. Aufl., Bonn 2004, S. 165; *Bähr*, Die mündliche Prüfung handlungsorientiert gestalten, in: PrüfungsPraxis Nr. 48, o.O. (Bonn) 2012, S. 20 ff.

1. **Praxisorientierung:** Die Aufgabenstellungen sollen sich so weit wie möglich praxisnah auf berufliche Anforderungen beziehen, die zur Erreichung beruflicher Handlungsfähigkeit erforderlich sind.
2. **Ganzheitlichkeit:** Die Aufgabenstellungen sollen unter verschiedenen praxisrelevanten Aspekten bearbeitet werden können. Dabei können unterschiedliche Handlungsbereiche angesprochen werden.
3. **Problemorientierung:** Die Aufgabenstellungen sollen praxisbezogene Lösungsansätze zulassen. Die Fähigkeiten, komplexe Zusammenhänge zu verstehen, Probleme zu identifizieren und Lösungen zu entwerfen sollen unter Beweis gestellt werden.
4. **Grundlagenorientierung:** Die Aufgabenstellungen sollen von einfachen zu komplexeren Problemen überleiten.
5. **Kompetenzorientierung:** Die Teilnehmer sollen ihre Schlüsselqualifikationen und Kompetenzausprägungen zeigen können.
6. **Prozessorientierung:** Die Aufgabenstellungen sollen sich an Arbeits- und Geschäftsprozessen orientieren.

Nicht alle Prüfer halten sich an diese Empfehlungen. Sie setzen viel Erfahrung und die genaue Kenntnis der Arbeitssituation der Teilnehmer voraus. Ein Anspruch auf diese Vorgehensweise besteht nicht.

3. Formen

Tz. 156

Drei verschiedene Ausprägungen des Fachgesprächs werden unterschieden,[40] die alle in der Bilanzbuchhalterprüfung – auch neben- und nacheinander – eingesetzt werden. Die Gewichtung wird dann im Einzelfall unterschiedlich sein, Schwerpunkt soll das fallbezogene Fachgespräch sein.

drei verschiedene Ausprägungen

Abb. 25: Ausprägungen des Fachgesprächs

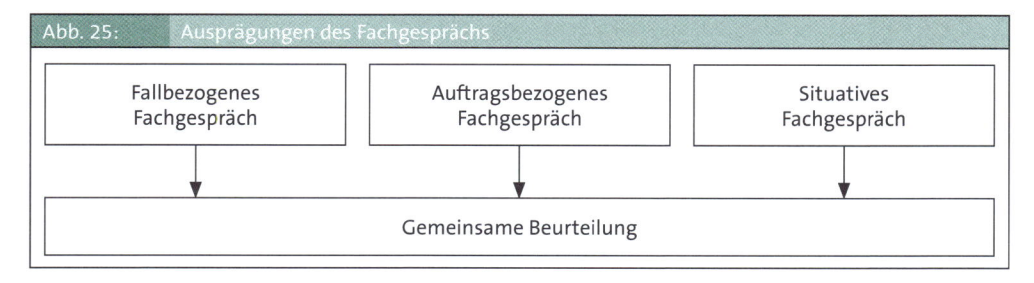

Fallbezogenes Fachgespräch	Auftragsbezogenes Fachgespräch	Situatives Fachgespräch

→ Gemeinsame Beurteilung

3.1 Fallbezogenes Fachgespräch

Tz. 157

Von den Prüfern wird ein fachlicher Sachverhalt, ein fachliches Problem oder eine schwierige Arbeitssituation beschrieben. Dazu sollen Lösungsansätze gefunden und mit den Prüfern erörtert werden. Dabei werden

Sachverhalt, Problem oder Arbeitssituation

▶ das Ziel und die spezifische Problematik dargestellt,
▶ die möglichen Vorgehensweisen aufgezeigt und
▶ die Alternativen bewertet.

Tz. 158

Aus den Alternativen soll dann fachlich begründet diejenige ausgewählt werden, die das beste Ergebnis verspricht. Anschließend wird das Resultat konkretisiert und die Umsetzungsmöglichkeiten können gemeinsam diskutiert werden. Dabei kann festgestellt werden,

fachliche Begründung

▶ ob die relevanten Zusammenhänge erkannt und berücksichtigt worden sind,
▶ ob vorhandenes Wissen auf den konkreten Fall übertragen werden konnte,
▶ ob mögliche vor- und nachgelagerte Probleme erkannt und berücksichtigt worden sind.

---

40 Vgl. *Löffelholz*, Die Prüfungsinstrumente, in: PrüfungsPraxis Nr. 47, o. O. (Bonn) 2011, S. 26 ff.

IV. Fachgespräch

Bewertungskriterien

Tz. 159
Die Bewertung kann nach folgenden Kriterien vorgenommen werden:
- Fachliche Richtigkeit
- Begründung des Vorgehens
- Nachweis der Fähigkeit, entstehende Probleme zu lösen
- Verständnis für die Zusammenhänge mit anderen Aufgabenstellungen

3.2 Auftragsbezogenes Fachgespräch

betrieblicher Auftrag

Tz. 160
Von den Prüfern wird auf einen betrieblichen Auftrag Bezug genommen. Aus den dabei bereits erbrachten Leistungen können sich Fragen ergeben
- zu den genutzten Methoden,
- zu alternativen Vorgehensweisen,
- zu besonderen Problemen und
- zu Einsatzmöglichkeiten.

Indirekt kann dadurch auch zumindest ein Eindruck davon entstehen, ob die Leistung selbst erbracht worden ist.

3.3 Situatives Fachgespräch

Fachgespräch als ergänzendes Instrument

Tz. 161
Die Prüfer nutzen das Fachgespräch als ergänzendes Instrument während einer Arbeitsaufgabe. Durch Fragen nach prozessrelevanten Sachverhalten kann festgestellt werden, inwieweit die Umsetzung der Aufgabe beherrscht wird. Dazu muss erläutert werden können,
- welche Informationen erforderlich sind,
- welche Fachkenntnisse angewandt werden müssen,
- welche Unterstützungen sinnvoll sind,
- welche Alternativen möglich wären,
- ob die Lösung wirtschaftlich ist und
- welche Verbesserungsmöglichkeiten bestehen.

4. Fragen zur Vorbereitung auf das Fachgespräch

Beispielfragen

Tz. 162
Im Folgenden soll ein Eindruck davon vermittelt werden, mit welchen Fragen im Prüfungsgespräch zu rechnen ist. Beispielhaft werden vor allem solche Fragen aufgelistet, die für den Einstieg typisch sind. Selbstverständlich gibt es dazu keinen festen Katalog, die Prüfer entscheiden individuell, wie sie vorgehen.

> **HINWEIS**
> Erfahrene Prüfer werden zunächst ausloten, ob Sie die Präsentation selbst erarbeitet oder übernommen haben. Erfahrungen zeigen, dass dies erstaunlich zuverlässig möglich ist.

Abhängig von den jeweiligen – richtigen oder falschen – Antworten werden zu dem Thema vertiefende, ergänzende oder unterstützende Fragen gestellt.

Tz. 163
Grundsätzlich sind zwei Vorgehensweisen zu erwarten:

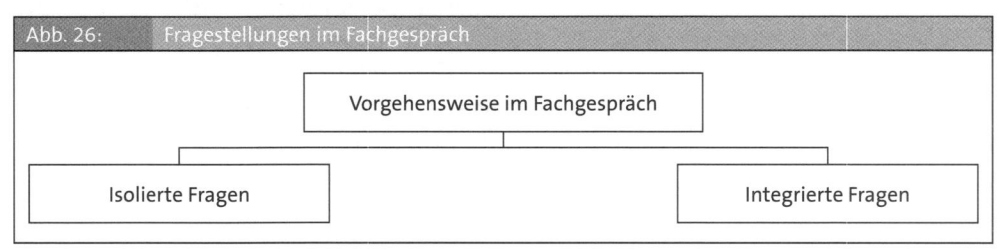

Abb. 26: Fragestellungen im Fachgespräch

Vorgehensweise im Fachgespräch
- Isolierte Fragen
- Integrierte Fragen

Weil Ihnen nicht bekannt ist, wie die Mitglieder des Prüfungsausschusses ihr Fachgespräch führen werden, müssen Sie auf beide Arten von Fragen vorbereitet sein. Die folgenden Abschnitte vermitteln Ihnen einen Eindruck von den möglichen Fragen.

Die meisten Prüfungsausschüsse ermöglichen den Teilnehmern zunächst ein kurzes „Durchatmen" nach der Präsentation. Die Unterlagen können zusammengelegt werden und die technischen Geräte können ausgeschaltet werden. Wenn die Präsentation (wie üblich) im Stehen erfolgt ist, wird jetzt gebeten, Platz zu nehmen.

Tz. 164

Das Fachgespräch soll „ausgehend von der Präsentation" geführt werden.[41] I. d. R. greifen die Prüfer deshalb zunächst nochmals auf die Themen der Präsentation zurück. So lässt sich die verständliche Anspannung am ehesten soweit abbauen, dass ein erfolgreiches Fachgespräch möglich wird.

Es sollte Sie nicht beunruhigen, wenn sich das Gespräch vertieft um das Thema der Präsentation dreht. Daraus kann nicht geschlossen werden, dass die Prüfer unzufrieden waren oder Fehler korrigieren müssten. In vielen Prüfungsausschüssen wird die vertiefende Diskussion als Möglichkeit zu Ihrer Unterstützung gesehen.

4.1 Isolierte Fragen

Tz. 165

Einzelne Handlungsbereiche können nacheinander und ohne Verbindung zueinander besprochen werden. Diese Vorgehensweise ist vor allem bei Prüfungsausschüssen verbreitet, in die Experten für einzelne Handlungsbereiche berufen worden sind, um das fachlich breite Spektrum in der mündlichen Prüfung überhaupt abdecken zu können. Das typische Fachgespräch läuft dann so ab, dass die Teilnehmer nacheinander von verschiedenen Prüfern befragt werden.

einzelne Handlungsbereiche nacheinander

Dabei entwickelt sich allerdings gerade kein Fachgespräch, es handelt sich dann um eine ganz traditionelle Befragung.

Auf diese Art des Fachgesprächs kann man sich vergleichsweise leicht und umfassend vorbereiten. Lassen Sie sich die Fragen (vgl. Tz. 167 ff.) vorlesen und vergleichen Sie Ihre Antworten dann mit den Lösungsvorschlägen. Das geht auch mit Unterstützung einer fachlich wenig versierten Person.

Die folgenden Beispiele sind zwar typisch, aber sie können nur einen Eindruck davon vermitteln, mit welchen Fragestellungen zu rechnen ist.

1. Sie werden allenfalls zufällig in dieser Form gestellt werden. Selbstverständlich gibt es keinen festen Katalog.
2. Andere Fragen und andere Themen aus allen Handlungsbereichen müssen erwartet werden.
3. Die Fragen beziehen sich auf den Einstieg in die jeweiligen Themen. Das Niveau der hier vorgestellten Beispiele darf also keinesfalls dazu verleiten, die Vorbereitung auf grundlegende Fragen zu beschränken. Um möglichst viele Punkte und damit eine gute Note vergeben zu können, werden die Prüfer sich bemühen, Ihr Wissen „auszuloten".

Tz. 166

Bei den vorgeschlagenen Antworten wird auf die Darstellung von Besonderheiten und Details weitgehend verzichtet. Die Prüfer werden dann gegebenenfalls ergänzend nachfragen.

Die Themengebiete werden im Laufe des Prüfungsgesprächs mehrfach gewechselt.

Die Fragen sollen idealerweise umfassend, aber präzise beantwortet werden. Beschränken Sie sich also auf kurze Darstellungen, die Prüfer werden nachfragen, wenn sie mehr wissen wollen. Andernfalls könnten ausführliche Antworten – die leicht (zufällig) auch entsprechende Fachbegriffe enthalten – als „Angebot" verstanden werden, auf diesem Gebiet weiter zu fragen. Führen Sie neue Begrifflichkeiten nur ein, wenn Sie anschließend auch darüber sprechen möchten.

---

41 § 6 Abs. 6 BibuchhFPrV.

4.1.1 Geschäftsvorfälle erfassen und nach Rechnungslegungsvorschriften zu Abschlüssen führen

Tz. 167

Weber, 5 vor Geschäftsvorfälle erfassen und zu Abschlüssen führen, 1. Aufl., Herne 2018.

Dieser Handlungsbereich wird von den Prüfern als Kerngebiet der Bilanzbuchhalterprüfung verstanden, deshalb wird er im Fachgespräch einen breiten Raum einnehmen. Die Teilnehmer sollen zeigen, dass sie

- ▶ Geschäftsfälle vollständig, richtig, zeitgerecht und geordnet erfassen und buchen können,
- ▶ die Buchführung organisieren können,
- ▶ die Bilanzierung nach handels- und steuerrechtlichen Vorschriften durchführen können,
- ▶ die wesentlichen Bilanzierungs- und Bewertungsunterschiede zwischen nationalem und internationalem Recht gegenüberstellen können,
- ▶ Aufwendungen und Erträge nach nationalen und internationalen Rechnungslegungsvorschriften darstellen können,
- ▶ Inhalte und Aussagen der Bestandteile des Jahresabschlusses beherrschen,
- ▶ Grundzüge der Konzernrechnungslegung kennen,
- ▶ die bilanziellen Auswirkungen unterschiedlicher Gesellschaftsformen berücksichtigen können.[42]

Sehen Sie sich zur Vorbereitung nochmals an:
- ▶ Ansatzverbote/-wahlrechte/-pflichten
- ▶ Firmenwert/Disagio/Rechnungsabgrenzungsposten/Latente Steuern
- ▶ Folgebewertungen
- ▶ Gliederung Eigenkapital/Bilanzgewinn

4.1.1.1 Typische Fragen

Tz. 168

1. Wer ist verpflichtet, Bücher zu führen? Wo ist die Buchführungspflicht geregelt?
2. Aus welchen Teilen besteht ein Jahresabschluss nach HGB?
3. Aus welchen Teilen besteht eigentlich ein Jahresabschluss nach IFRS?
4. Wer muss einen Anhang aufstellen? Nennen Sie konkret einige wichtige Angaben, die im Anhang zu machen sind.
5. Beschreiben Sie die rechtlichen Rahmenbedingungen für die Anwendung der IFRS.
6. Welche Unternehmen sind in Deutschland verpflichtet, einen Jahresabschluss nach IFRS vorzulegen?
7. Was meinen Sie, ist eine Bilanz zeitpunkt- oder zeitraumbezogen?
8. Kennen Sie die Merkmale einer großen Kapitalgesellschaft?
9. Gliedern Sie uns – grob mit den wesentlichen Überschriften – die Aktivseite der Bilanz gem. § 266 Abs. 2 HGB.
10. Welche Rechnungslegungsvorschriften sind im 1. und 2. Abschnitt des 3. Buches des HGB geregelt?
11. Woraus besteht das Eigenkapital bei Kapitalgesellschaften? Gliedern Sie nach § 266 HGB.
12. Erläutern Sie, warum nach IFRS – anders als bei einem HGB-Abschluss – eine Eigenkapitalveränderungsrechnung erforderlich ist.
13. Erklären Sie uns, was bei einer AG eine Kapitalrücklage ist.
14. Und was ist dagegen die Gewinnrücklage?

---

42 Vgl. § 7 Abs. 1 BibuchhFPrV.

15. Was kann statt Gewinn-/Verlustvortrag und Jahresüberschuss/-fehlbetrag als Erfolgsgröße in der Bilanz stehen?
16. Wo ist im HGB geregelt, was ein „Bilanzgewinn" ist?
17. Was benötigt man eigentlich als Voraussetzung, um einen Jahresabschluss erstellen zu können?
18. Welche Inventurverfahren sind nach HGB zulässig?
19. Welche Gewinnermittlungsmethoden sind Ihnen bekannt?
20. Können Sie erklären was eine Einheitsbilanz ist?
21. Beschreiben Sie bitte, was unter „Realisationsprinzip" verstanden wird.
22. Können sie uns einige wesentliche Beispiele nennen für Änderungen durch das BilMoG?
23. Was verstehen Sie unter „Verbrauchsfolgeverfahren?
    – Welche sind Ihnen bekannt?
    – Welche sind handels- bzw. steuerrechtlich zulässig?
24. Wenn Sie einen möglichst niedrigen JÜ erzielen wollen, welches Verbrauchsfolgeverfahren wählen Sie dann?
25. Nehmen Sie an, es wird eine neue Bohrmaschine angeschafft. Wie werden Sie den Zugang nach IFRS bewerten?
26. Wie sind immaterielle Vermögensgegenstände in der Handels- bzw. in der Steuerbilanz zu aktivieren?
27. Vergleichen Sie bitte die Herstellungskosten nach IFRS und HGB.
28. Wie ermittelt man den Firmenwert?
29. Wie ist der Firmenwert handelsrechtlich zu behandeln?
30. Erläutern Sie, was laut HGB unter „Vermögensgegenständen" zu verstehen ist.
31. Was ist nach IFRS ein Vermögenswert und was ist eine Schuld?
32. Wie ist ein Disagio in der Handels- und Steuerbilanz zu behandeln?
33. Was sind bei einem Grundstück Anschaffungskosten?
34. Sie haben ein Grundstück gekauft und stellen danach fest, dass der Boden dauerhaft verseucht ist. Was ist zu tun?
35. Wodurch entstehen latente Steuern?
36. Was sind „Aktive latente Steuern"? Bilden Sie ein Beispiel.
37. Was sind „Passive latente Steuern"? Bilden Sie ein Beispiel.
38. In welcher Höhe sind Rückstellungen mit einer Laufzeit von mehr als einem Jahr anzusetzen?
39. Wie ist eine umsatzsteuerpflichtige Lieferung zu buchen?
40. Welche Arten von Finanzinstrumenten kennen die IFRS?
41. Können Sie erklären, was unter Component Approach verstanden wird?
42. Erläutern Sie die Vorteile und Probleme bei Anwendung der Percentage-of-Completion-Methode.
43. Was ist der wesentliche Unterschied zwischen einer GuV und der Gesamtergebnisrechnung?
44. Wie ist die Folgebewertung eines Firmenwerts nach HGB, Steuerrecht und IFRS geregelt?

4.1.1.2 Lösungsvorschläge zu den Fragen

Tz. 169

1. Jeder Kaufmann ist verpflichtet, Bücher zu führen.
   - Handelsrechtlich gem. § 238 Abs. 1 HGB,
   - steuerrechtlich gem. §§ 140 f. AO.

2. Der Jahresabschluss besteht für alle Kaufleute aus Bilanz und GuV (§ 242 Abs. 3 HGB).

   Bei Kapitalgesellschaften ist in den Jahresabschluss zusätzlich ein Anhang aufzunehmen (§ 284 HGB).

   Der Lagebericht ergänzt den Jahresabschluss bei mittleren und großen Kapitalgesellschaften (§ 264 Abs. 1 HGB), ist aber selbst nicht Teil des Jahresabschlusses.

3. Nach IAS 1.10 besteht der IFRS-Abschluss aus
   - Bilanz
   - Eigenkapitalveränderungsrechnung
   - Gesamtergebnisrechnung
   - Anhang
   - Kapitalflussrechnung

   Ein Lagebericht i. S. des § 289 HGB ist nicht erforderlich, weil die Standards die Ausweispflichten so detailliert beschreiben, dass keine gesonderte Darstellung mehr erforderlich ist.

4. Gemäß § 264 Abs. 1 Satz 1 HGB müssen nur Kapitalgesellschaften einen Anhang aufstellen.

   Der Anhang enthält gem. § 284 f. HGB:
   - Erläuterungen zu einzelnen Positionen der Bilanz und der Gewinn- und Verlustrechnung,
   - Informationen zur Ausübung von Bewertungswahlrechten,
   - Hinweise zur Änderung von Bewertungsmethoden,
   - zusätzliche Angaben, wenn der Jahresabschluss andernfalls kein den tatsächlichen Verhältnissen entsprechendes Bild i. S. des § 264 Abs. 2 HGB vermitteln könnte.

   Bestandteile des Anhangs sind insbesondere:
   - Angaben zu den angewandten Bilanzierungs- und Bewertungsmethoden (§ 284 Abs. 2 Nr. 1 HGB),
   - Angabe und Begründung der Abweichungen von bisherigen Bilanzierungs- und Bewertungsmethoden (§ 284 Abs. 2 Nr. 3 HGB),
   - Angabe des Gesamtbetrags der Verbindlichkeiten mit einer Laufzeit von mehr als fünf Jahren (§ 285 Nr. 1a HGB),
   - Angabe des Gesamtbetrags der sonstigen finanziellen Verpflichtungen, die nicht aus der Bilanz zu ersehen sind und auch nicht als sog. Haftungsverhältnisse ausgewiesen werden (§ 285 Nr. 3 HGB).

5. Die IFRS selbst sind kein Gesetz, sie werden von dem privatrechtlichen IASC entwickelt, um dem Wunsch nach internationaler Harmonisierung der Rechnungslegungsvorschriften zu entsprechen. Die Standards müssen durch ein Endorsement-Verfahren in nationales Recht umgesetzt werden.

   Ihre Anwendung ist seit 2003 vorgeschrieben, das HGB ist vor allem durch das BilReG angepasst worden.

6. Kapitalmarktorientierte Unternehmen, die einen Konzernabschluss vorlegen müssen, sind verpflichtet, einen IFRS-Abschluss aufzustellen (§ 315a HGB).

7. Die Bilanz ist – wie der Jahresschluss insgesamt – stichtagsbezogen. Sie zeigt zwar das Ergebnis einer Periode, aber zu einem bestimmten Zeitpunkt.

4. Fragen zur Vorbereitung auf das Fachgespräch

8. Bei einer großen Kapitalgesellschaft sind zwei der folgenden drei Merkmale überschritten:
   - 20.000.000 € Bilanzsumme
   - 40.000.000 € Umsatzerlöse
   - 250 Arbeitnehmer im Jahresdurchschnitt

9. A. Anlagevermögen

       I. Immaterielle Vermögensgegenstände

       II. Sachanlagen

       III. Finanzanlagen

   B. Umlaufvermögen

       I. Vorräte

       II. Forderungen und sonstige Vermögensgegenstände

       III. Wertpapiere

       IV. Kassenbestand, Bank usw.

   C. Rechnungsabgrenzungsposten

   D. Aktive latente Steuern

   E. Aktiver Unterschiedsbetrag aus der Vermögensverrechnung

10. 1. Abschnitt (§§ 238 bis 263 HGB): Vorschriften für alle Kaufleute

    2. Abschnitt (§§ 264 bis 335b HGB): Ergänzende Vorschriften für Kapitalgesellschaften (und bestimmte Personenhandelsgesellschaften)

11. I. Gezeichnetes Kapital

    II. Kapitalrücklage

    III. Gewinnrücklage

        1. gesetzliche Rücklage

        2. Rücklage für Anteile an einem herrschenden oder mehrheitlich beteiligten Unternehmen

        3. satzungsmäßige Rücklagen

        4. andere Rücklagen

    IV. Gewinnvortrag/Verlustvortrag

    V. Jahresüberschuss/Jahresfehlbetrag

12. Der Grund ergibt sich aus der Definition des Eigenkapitals nach IFRS. Da nach IFRS auch zahlreiche erfolgsneutrale Buchungen vorgesehen sind und auch nicht realisierte, aber realisierbare Erträge ihren Niederschlag im Eigenkapital finden, wäre die Transparenz für Investoren nicht mehr gegeben, wenn die Entwicklung des Eigenkapitals vom Anfang zum Ende der Periode nicht erkennbar wäre.

13. Das Agio bei der Ausgabe von jungen Aktien wird in die Kapitalrücklage eingestellt.

14. Der Teil des Jahresüberschusses, der nicht ausgeschüttet wird, wird in die Gewinnrücklage eingestellt.

15. An die Stelle der Posten „Jahresüberschuss/Jahresfehlbetrag" und „Gewinnvortrag/Verlustvortrag" tritt der Posten „Bilanzgewinn", wenn die Bilanz unter Berücksichtigung der teilweisen oder vollständigen Verwendung des Jahresergebnisses aufgestellt wird (§ 268 Abs. 1 HGB).

16. § 268 Abs. 1 HGB

17. Es muss eine Buchführung existieren und eine Inventur durchgeführt werden.

18. § 240 HGB verlangt grundsätzlich eine Stichtagsinventur.

    § 241 HGB erlaubt folgende Inventurvereinfachungsverfahren:
    - Stichprobeninventur (§ 241 Abs. 1 HGB)
    - Permanente Inventur (§ 241 Abs. 2 HGB)
    - Vor- oder nachverlegte Inventur, drei Monate vor Bilanzstichtag, zwei Monate nach Bilanzstichtag (§ 241 Abs. 3 HGB)

19. a) Betriebsvermögensvergleich (§ 4 Abs. 1 bzw. § 5 EStG): Der Gewinn ist die Differenz zwischen dem Betriebsvermögen am Anfang und am Ende des Wirtschaftsjahres, vermehrt um die Entnahmen und vermindert um die Einlagen.

    b) Einnahmen-Überschussrechnung (§ 4 Abs. 3 EStG): Der Gewinn wird als Differenz zwischen Betriebseinnahmen und Betriebsausgaben ermittelt. Eine periodengerechte Abgrenzung ist dabei nicht oder nur schwer möglich.

    c) Gewinnermittlung nach Durchschnittssätzen (§13 a EStG) und Schätzung (§162 AO), Sonderfälle.

20. Eine Einheitsbilanz genügt sowohl handelsrechtlichen wie steuerrechtlichen Vorschriften.

21. Gewinne dürfen nach dem Realisationsprinzip erst ausgewiesen werden, wenn sie durch Umsätze oder sonstige ertragswirksame Vorgänge realisiert worden sind.

22. a) Befreiung von Buchführungspflichten durch kleine Kaufleute (§ 241a HGB)

    b) Anhebung der Größenklassen (§ 267 HGB)

    c) Abschaffung der umgekehrten Maßgeblichkeit (§ 5 Abs. 1 EStG)

    d) Wahlrecht bei der Aktivierung bestimmter selbst geschaffener immaterieller Vermögensgegenstände des Anlagevermögens (§§ 248, 255 Abs. 2a HGB)

    e) Aktivierungspflicht des entgeltlich erworbenen Geschäfts- oder Firmenwerts (§ 246 Abs. 1 HGB)

    f) Wegfall der Aktivierungsmöglichkeit für Aufwendungen für die Ingangsetzung und Erweiterung des Geschäftsbetriebs

    g) Aktive latente Steuern sind auf der Aktivseite unter D., passive latente Steuern auf der Passivseite unter E. auszuweisen (§ 266 Abs. 2 und 3 HGB).

    h) In die Ermittlung der Herstellungskosten müssen (Pflicht) neu einbezogen werden: Materialgemeinkosten, Fertigungsgemeinkosten, Werteverzehr des der Fertigung dienenden Anlagevermögens (§ 255 Abs. 2 HGB).

    i) Rückstellungen sind mit dem notwendigen Erfüllungsbetrag anzusetzen (§ 253 Abs. 1 und 2 HGB).

    j) Ausstehende Einlagen werden unter den Forderungen entsprechend ausgewiesen (wenn sie eingefordert sind) bzw. sind vom Eigenkapital abzusetzen (§ 272 Abs. 1 HGB).

    k) Eigene Anteile sind offen vom Posten „Gezeichnetes Kapital" abzusetzen (§ 272 Abs. 1a HGB).

23. Verbrauchsfolgeverfahren gehen von einer Fiktion aus. Es wird angenommen, dass Gegenstände in einer bestimmten zeitlichen Reihenfolge verbraucht oder veräußert werden.
    - First in – first out (Fifo)
    - Last in – first out (Lifo)
    - Highest in – first out (Hifo)
    - Lowest in – first out (Lofo)

    Im Handelsrecht sind von den genannten Verbrauchsfolgeverfahren Lifo und Fifo zulässig, im Steuerrecht nur Lifo.

24. Lifo, bei – üblicherweise – steigenden Preisen werden fiktiv die teureren Gegenstände zuerst verbraucht. Das führt zu einem niedrigeren Wert der Vorräte.

25. Sachanlagen werden bei ihrem Zugang zu Anschaffungs- oder Herstellungskosten bewertet.

26. Zu unterscheiden ist, ob sie entgeltlich erworben oder selbst geschaffen worden sind:

selbst geschaffen	HB	Aktivierungswahlrecht (§ 248 Abs. 2 Satz 1 HGB)
		Ausnahmen: Marken, Drucktitel, Verlagsrechte, Kundenlisten und ähnliche VG
	StB	Aktivierungsverbot (§ 5 Abs. 2 EStG)
entgeltlich erworben	HB	Aktivierungspflicht
	StB	Maßgeblichkeit, also Aktivierungspflicht

27.

Kostenbestandteile	HGB	IFRS
Materialeinzelkosten	Pflicht	Pflicht
Fertigungseinzelkosten		
Sondereinzelkosten der Fertigung		
Entwicklungskosten		
Materialgemeinkosten		
Fertigungsgemeinkosten		
Fremdkapitalzinsen	Wahlrecht	Wahlrecht
Allgemeine Verwaltungskosten		Verbot
Vertriebskosten	Verbot	
Forschungskosten		

28. Der entgeltlich erworbene (derivative) Firmenwert kann nur beim Kauf eines Unternehmens entstehen. Er stellt die Differenz dar zwischen dem Kaufpreis und dem Reinvermögen (Vermögen abzüglich Schulden). Grund sind Werte, die aber keine Vermögensgegenstände sind, z. B. Image, Markenrechte, Know-how der Mitarbeiter, Kundenstamm usw.

29. Für den derivativen Firmenwert besteht eine Aktivierungspflicht (§ 246 Abs. 1 Satz 3 HGB).

    Abschreibungen sind seit BilRUG 2015 (wenn die Nutzungsdauer nicht verlässlich geschätzt werden kann) über einen Zeitraum von zehn Jahren vorzunehmen (§ 253 Abs. 3 HGB).

30. Als Vermögensgegenstände i. S. des HGB gelten Güter, die
    - selbstständig verwertbar sind,
    - eine Einzelverkehrsfähigkeit haben und
    - einen längerfristigen erkennbaren Nutzen haben.

31. **Vermögenswert:** Assets vermitteln zukünftigen wirtschaftlichen Nutzen, der zu einem net cash inflow führt. Als Nutzen kommen in Betracht:
    - Primärnutzen des Vermögensgegenstands selbst,
    - Tausch gegen andere Vermögensgegenstände,
    - Ablösung einer Verbindlichkeit,
    - Entnahme durch den Eigentümer.

    Schuld: Liabilities sind wirtschaftliche Verpflichtungen, die
    - zu einem Ressourcenabfluss führen,
    - zuverlässig quantifizierbar sind.

32. **HB:** Es besteht ein Aktivierungswahlrecht als aktiver RAP. Vgl. aber § 268 Abs. 6 HGB; bei Aktivierung planmäßige Verteilung auf die Laufzeit oder kürzer.

    StB: Aktivierungsgebot; Verteilung auf die Laufzeit der Verbindlichkeiten
    - bei einem Fälligkeitsdarlehen linear
    - bei einem Tilgungsdarlehen digital

33. Zum reinen Kaufpreis werden die Anschaffungsnebenkosten (z. B. Grunderwerbssteuer, Notar, Makler, Grundbucheintragung) addiert.

34. Es ist eine dauerhafte Wertminderung eingetreten, deshalb wird eine außerordentliche Abschreibung vorgenommen.

35. Latente Steuern entstehen, wenn die Ergebnisse von Handels- und Steuerbilanz voneinander abweichen.

36. Aktive latente Steuern entstehen, wenn in der Handelsbilanz der Ansatz von Aktiva niedriger bzw. der Ansatz von Passiva höher ist als in der Steuerbilanz.

    Die Bildung einer Rückstellung „Drohende Verluste aus schwebenden Geschäften" ist Pflicht in der Handelsbilanz, in der Steuerbilanz aber verboten.

37. Passive latente Steuern entstehen, wenn in der Handelsbilanz der Ansatz von Aktivpositionen höher bzw. der Ansatz von Passivpositionen niedriger ist als in der Steuerbilanz.
    - Es besteht eine Aktivierungspflicht in der HB.
    - Es besteht ein – ungeschriebenes – Bilanzierungsverbot in der StB.

    Aktivierung eines selbst geschaffenen immateriellen VG des AV in der Handelsbilanz, aber nicht in der Steuerbilanz.

38. **HB:** Rückstellungen mit einer Laufzeit von mehr als einem Jahr müssen mit dem durchschnittlichen Marktzins der letzten sieben Geschäftsjahre abgezinst werden (§ 253 Abs. 2 HGB)

    StB: Rückstellungen für Verpflichtungen mit einer voraussichtlichen Laufzeit von mindestens einem Jahr sind mit 5,5 % abzuzinsen (§ 6 Abs. 1 Nr. 3a Buchst. e EStG)

39. Forderungen aus Lieferungen und Leistungen an Umsatzerlöse und Umsatzsteuer

40. Finanzinstrumente sind sowohl finanzielle Vermögenswerte als auch finanzielle Verbindlichkeiten. Es erfolgt keine Zuordnung zum Anlage- bzw. Umlaufvermögen, sondern eine eigene Kategorisierung:
    - **Hold-to-collect (Halten):** Die Schuldinstrumente sollen bis zu ihrer Fälligkeit gehalten werden, um die Zinserträge zu erwirtschaften und bei Fälligkeit den Nominalwert zu vereinnahmen.
    - **Hold-to-collect and Sale (Halten und Verkauf):** Die Schuldinstrumente werden gehalten, um die Zinsen zu vereinnahmen oder um sie zu verkaufen.
    - **Handel:** Die Schuldinstrumente werden zur kurzfristigen Realisierung von Kursgewinnen gehalten.

    Die Klassifizierung erfolgt nach den Kriterien
    - Geschäftsmodell (Halten oder verkaufen?) und
    - Art der Zahlungsströme (Zinsen oder Rückzahlung?).

41. Nach dem Komponentenansatz (IAS 16) wird ein Anlagegegenstand in seine Komponenten (mit unterschiedlicher Nutzungsdauer) zerlegt, die jeweils getrennt abgeschrieben werden. Die periodengerechte Erfolgsermittlung wird dadurch verbessert.

42. Bei Anwendung der Percentage-of-Completion-Methode werden bei Aufträgen, die über mehrere Perioden abgewickelt werden, Erträge und Aufwendungen entsprechend dem Fertigstellungsgrad erfasst. Das Ergebnis aus solchen langfristigen Fertigungsaufträgen schlägt dann nicht ausschließlich im Jahr der Fertigstellung zu Buche, sondern wird über die Jahre ihrer Herstellung verteilt. Dadurch wird eine Glättung des Gewinns über die Auftragsdauer erreicht, so können vergleichbare Periodenergebnisse dargestellt werden.

Dazu müssen die zukünftig anfallenden Kosten geschätzt werden, wobei erhebliche Interpretations- und Bewertungsspielräume entstehen.

Verluste werden sofort erfasst.

43. Bei der Gesamtergebnisrechnung (IFRS) wird zusätzlich das Sonstige Ergebnis erfasst.

    Es enthält alle Aufwendungen und Erträge, die außerhalb des Periodenergebnisses erfasst werden, u. a. das Ergebnis aus Neubewertungen.

44. **HGB:** Abschreibung über zehn Jahre, sofern die Nutzungsdauer nicht verlässlich festgestellt werden kann.

    StR: Abschreibung über 15 Jahre

    IFRS: Impairmenttest

4.1.2 Jahresabschlüsse aufbereiten und auswerten
Tz. 170

Weber, 5 vor Jahresabschluss aufbereiten und auswerten, 4. Aufl., Herne 2017.

Der Schwerpunkt liegt in diesem Handlungsbereich eindeutig auf der Jahresabschlussanalyse. Wer in diesem Bereich nicht über solide Kenntnisse verfügt, muss sich also nochmals vertieft mit den Regelungen zum Jahresabschluss beschäftigen. Ausdrücklich können dabei nicht nur die Analyse eines HGB-Abschlusses, sondern auch IFRS-Regelungen Prüfungsgegenstand sein.

Die Teilnehmer sollen zeigen, dass sie

▶ Jahresabschlüsse aufbereiten können,

▶ Jahresabschlüsse analysieren und interpretieren können,

▶ Vergleiche von Jahresabschlüssen durchführen können,

▶ die Bedeutung des Ratings erkennen und Maßnahmen zur Verbesserung vorschlagen können.[43]

Sehen Sie sich zur Vorbereitung nochmals an:

▶ Quellen und Adressaten des Jahresabschlusses

▶ Aufbereitungsmaßnahmen mit Begründung

▶ Grundlegende Kennzahlen

4.1.2.1 Typische Fragen
Tz. 171

1. § 264 Abs. 2 HGB sagt bereits, der Jahresabschluss müsse ein den „tatsächlichen Verhältnissen entsprechendes Bild der Vermögens-, Finanz- und Ertragslage" geben. Wozu braucht man dann eine Jahresabschlussanalyse?
2. Was enthält der Anhang?
3. Welche Gruppen haben ein Interesse an einer Jahresabschlussanalyse?
4. Welcher Zusammenhang besteht zwischen der Bilanzpolitik und der Jahresabschlussanalyse?
5. Welche Analysemöglichkeiten bestehen, wenn Sie einen einzelnen Jahresabschluss vorliegen haben?
6. Wodurch unterscheiden sich die interne und externe Analyse?
7. Was verstehen Sie unter einer Strukturbilanz, wie ist sie gegliedert?
8. Wie ist ein in der Handelsbilanz ausgewiesener Firmenwert bei der Aufbereitung der Bilanz zu behandeln?
9. Wie verfahren Sie bei der Aufbereitung mit den aktiven Rechnungsabgrenzungsposten?

---

43 Vgl. § 7 Abs. 2 BibuchhFPrV.

10. Wie behandeln Sie bei der Aufbereitung die Position „Aktive latente Steuern"?
11. Welche Voraussetzung muss gegeben sein, um eine Bewegungsbilanz erstellen zu können?
12. Welche Veränderungen werden als „Mittelherkunft" erfasst?
13. Nehmen Sie an, es würde eine Aktivminderung festgestellt. Aus dem Anlagespiegel sind aber keine Abgänge ersichtlich. Geht das?
14. Welchen Informationswert hat eine Bewegungsbilanz?
15. a) Mit welcher Formel wird die Eigenkapitalquote ermittelt?
    b) Wie hoch ist diese Quote im Durchschnitt bei deutschen Unternehmen ungefähr?
    c) Ist sie im internationalen Vergleich eher hoch oder eher niedrig?
16. a) Welche Funktionen hat das Eigenkapital?
    b) Kann es unter betriebswirtschaftlichen Aspekten Fälle geben, in denen es sinnvoll erscheint, das EK möglichst niedrig zu halten?
17. a) Wie lautet die Kennzahl „Anlagenintensität"?
    b) Welche Vor- oder Nachteile hat eine hohe Anlagenintensität?
18. Was wird mit der Kennzahl „Rentabilität" gezeigt?
19. Nennen Sie die Formel zur Ermittlung der EK-Rentabilität.
20. Wie lautet die Formel zur Ermittlung der GK-Rentabilität?
21. a) Warum wird der JÜ „vor Steuern" gewählt?
    b) Warum werden die FK-Zinsen im Zähler addiert?
    c) Warum wird gegebenenfalls der Unternehmerlohn im Zähler abgezogen?
    d) Warum wird im Nenner das durchschnittliche GK gewählt?
22. Wie wird die Materialaufwandsquote ermittelt?
23. Wodurch wird die Materialaufwandsquote beeinflusst?
24. Welche Funktionen hat der Cashflow?
25. Wie erfolgt die indirekte Ermittlung des Cashflows?
26. Was ist der Unterschied zwischen dem Cashflow und der Kapitalflussrechnung?
27. Erläutern Sie uns, was Sie mit dem Begriff „Basel" verbinden.
28. Beschreiben Sie die „drei Säulen" von Basel II.
29. Sind die Kennzahlen nach HGB und IFRS eigentlich unterschiedlich?
30. In der Bilanzgliederung des § 266 Abs. 2 HGB wird der Geschäfts- oder Firmenwert als Position im Anlagevermögen aufgeführt, obwohl der Firmenwert kein Vermögensgegenstand ist. Wie kann das sein?
31. Ändern sich Bilanz- oder GuV-Kennzahlen durch das BilRUG?

4.1.2.2 Lösungsvorschläge zu den Fragen

Tz. 172

1. Auch bei Beachtung aller rechtlichen Vorschriften bleiben erhebliche Gestaltungsspielräume für die Bilanzpolitik. Zu nennen sind vor allem Ansatz- und Bewertungswahlrechte.

   Die Jahresabschlussanalyse ist Teil einer umfassenderen betriebswirtschaftlichen Unternehmensanalyse, sie bereitet den Jahresabschluss so auf, dass er mit Abschlüssen aus früheren Jahren und mit denen anderer Unternehmen verglichen werden kann.

   Aus dem vorhandenen Datenmaterial werden interessenbezogen Kennzahlen gebildet, die mit anderen Informationen in einen sinnvollen aussagefähigen Zusammenhang gebracht werden können.

2. Der Anhang enthält Erläuterungen zu einzelnen Posten der Bilanz und der GuV. § 284 Abs. 2 HGB bestimmt, welche Angaben gemacht werden müssen:
   - Angewandte Bilanzierungs- und Bewertungsmethoden
   - Grundlagen für die Umrechnung in €
   - Abweichungen von Bilanzierungs- und Bewertungsmethoden
   - Anwendung der Gruppenbewertung und von Bewertungsvereinfachungsverfahren
   - Angaben zur Einbeziehung von FK-Zinsen in die Herstellungskosten

   Eine umfangreiche Liste von weiteren Pflichtangaben enthält § 285 HGB.

3. Beispielsweise
   - Unternehmensleitung,
   - Kreditgeber,
   - Mitarbeiter,
   - Lieferanten,
   - Kunden,
   - Konkurrenten,
   - „interessierte Öffentlichkeit".

4. Bilanzpolitik ist die zielgerichtete Ausübung der Wahlrechte bei der Erstellung des Jahresabschlusses, die durch die Jahresabschlussanalyse aufgedeckt werden sollen. Die Jahresabschlussanalyse versucht, die Bilanzpolitik zu erkennen und ihre Folgen sichtbar zu machen.

5. Alle Instrumente der Jahresabschlussanalyse können auch auf einen einzelnen Abschluss angewandt werden, die Aussagekraft ist allerdings gering. Es können lediglich besondere Auffälligkeiten festgestellt werden.

   Wenn die Entwicklung eines einzelnen Unternehmens untersucht werden soll, ist ein Periodenvergleich sinnvoll. Dann lassen sich Entwicklungstendenzen erkennen.

   Wenn untersucht werden soll, wie das Unternehmen im Vergleich zu anderen zu beurteilen ist, ist ein Branchenvergleich sinnvoll. Allerdings sind Unterschiede wie Rechtsform, Standort, Größe, Produktionsprogramm usw. zu berücksichtigen.

6. Die interne Analyse hat grundsätzlich Zugriff auf alle relevanten Informationen zur Erstellung des Jahresabschlusses, sie kann deshalb genauer und detaillierter sein.

   Externen Analysten liegt nur der veröffentlichte Jahresabschluss vor, sie müssen sich zusätzliche Quellen erschließen. Trotzdem werden sie auf Vermutungen und Schätzungen angewiesen sein.

7. Die Strukturbilanz dient der Beurteilung einer Bilanz. Sie ist schematisch aufgebaut und sehr stark zusammengefasst. Auf ihrer Aktiv- und Passivseite finden sich jeweils nur zwei Positionen.
   - Die Aktivseite ist unter dem Gesichtspunkt der Liquidierbarkeit in AV und UV gegliedert.
   - Die Passivseite ist unter dem Gesichtspunkt der Fristigkeit in EK und FK gegliedert.

Je nach Erkenntnisinteresse sind weitere Untergliederungen möglich z. B.
- Mittel 1., 2., 3. Grades beim Umlaufvermögen
- kurz-, mittel- und langfristige Verbindlichkeiten beim Fremdkapital

8. Der Firmenwert ist kein Vermögensgegenstand, es fehlt die Einzelverkehrsfähigkeit. Er könnte nur mit dem Unternehmen insgesamt veräußert werden. Deshalb Saldierung mit dem Eigenkapital.

9. Es erfolgt eine Umgliederung ins Umlaufvermögen, weil die aRAP Forderungscharakter haben. Eine Ausnahme besteht aber, wenn ein Disagio enthalten ist. Betriebswirtschaftlich handelt es sich dabei um Zinsaufwand, deshalb Saldierung mit dem Eigenkapital.

10. Es besteht kein konkreter Zahlungsanspruch gegenüber dem Staat, deshalb sind die aktiven latenten Steuern kein Vermögensgegenstand. Sie werden deshalb mit dem Eigenkapital saldiert.

11. Die Bewegungsbilanz dokumentiert die Veränderung von einzelnen Bilanzpositionen. Deshalb müssen zwei Bilanzen desselben Unternehmens von zwei aufeinander folgenden Stichtagen vorliegen.

12. Passivmehrungen und Aktivminderungen werden als Mittelherkunft erfasst.

13. Die Aktivänderungen werden wie folgt ermittelt:

$$
\begin{array}{rl}
& \text{Buchwert zu Beginn der Periode} \\
+ & \text{Zugänge} \\
- & \text{Abgänge} \\
- & \text{Abschreibungen} \\
+ & \text{Zuschreibungen} \\
- & \text{Buchwert am Ende der Periode} \\
\hline
= & \text{Veränderung}
\end{array}
$$

Wenn keine Abgänge vorliegen, muss bei einer Aktivabnahme die Höhe der Abschreibungen größer sein als die Summe aus Zugängen und Zuschreibungen.

14. Die Bewegungsbilanz liefert keine neuen Informationen. Sie ist weder zur Beurteilung von Finanzierungsentscheidungen noch für Aussagen über die Liquidität geeignet. Allerdings sind Zusammenhänge (z. B. „Wie sind Investitionen finanziert worden?") leichter ablesbar.

15. a) $\dfrac{\text{Eigenkapital}}{\text{Gesamtkapital}} \times 100$

b) Die Quote ist nach Branche und Größe stark unterschiedlich, sie beträgt durchschnittlich knapp unter 30 %, in manchen Branchen (z. B. bei Banken) ist sie sehr viel niedriger.

c) Das ist im internationalen Vergleich eher wenig, in anderen Ländern liegt sie höher.

16. a) Die Funktionen des Eigenkapitals sind:
- Kreditfunktion
- Investitionsfunktion
- Betriebspolitische Funktion

b) Hier ist der Leverage-Effekt angesprochen: Die Rentabilität des Eigenkapitals steigt mit sinkender Eigenkapitalquote, wenn der Fremdkapitalzins niedriger ist als die Gesamtkapitalrentabilität. Trotzdem kann die Eigenkapitalquote nicht beliebig gesenkt werden, damit das Eigenkapital seine Funktionen nicht verliert.

17. a) $\dfrac{\text{Anlagevermögen}}{\text{Gesamtvermögen}} \times 100$

b) 1. Vorteile einer hohen Anlagenintensität:
- Tendenziell moderne Ausstattung mit Maschinen und Anlagen
- In nächster Zeit wahrscheinlich keine Ersatzinvestitionen und wenig Reparaturen notwendig
- Niedriger Finanzbedarf für Investitionen

2. Nachteile einer hohen Anlagenintensität:
- Hohe Kapitalbindung
- Hohe Fixkosten
- Geringe Flexibilität bei Schwankungen der Auslastung (Gefahr der Kostenremanenz)

Vorsicht! Die Kennzahl wird z. B. durch folgende Faktoren verzerrt:
- Leasing
- Ansatzwahlrecht für selbst geschaffene immaterielle VG
- Auch Umlaufvermögen kann langfristig gebunden sein („Eiserner Bestand")
- UV wird zu aktuelleren Preisen bewertet als das AV

18. Mit der Rentabilität wird der finanzielle Erfolg eines Unternehmens ermittelt. Dazu wird eine Erfolgsgröße (z. B. Jahresüberschuss) zum durchschnittlich eingesetzten Kapital in Beziehung gesetzt. Die Höhe der Rentabilität wird relativ ausgedrückt, um eine bessere Vergleichbarkeit zu erreichen. Je nach Erkenntnisinteresse werden verschiedene Rentabilitäten unterschieden.

19. $$\text{EK-Rentabilität} = \frac{\text{Jahresüberschuss vor Steuern (ggf. - Unternehmerlohn)}}{\varnothing \text{ Eigenkapital}} \times 100$$

20. $$\text{GK-Rentabilität} = \frac{\text{Jahresüberschuss vor Steuern (ggf. - Unternehmerlohn) + FK-Zinsen}}{\varnothing \text{ Gesamtkapital}} \times 100$$

21. a) Die Berücksichtigung der Steuern auf Einkommen und Ertrag würde den Vergleich erschweren. Je nach Rechtsform und Steuergebiet könnten sich Verzerrungen ergeben.

b) Zinsen werden in der Gewinn- und Verlustrechnung als Aufwand erfasst. Wenn sie bei der Ermittlung der Rentabilität berücksichtigt werden, fließt eine unterschiedliche (auch richtige/falsche) Finanzierung in das Ergebnis ein.

c) Weil das Entgelt für die Leitung bei Kapitalgesellschaften als Personalaufwand erfasst wird, bei Personengesellschaften aber nicht, wäre die Vergleichbarkeit sonst nicht gegeben.

d) Die Kapitalausstattung kann sich im Laufe der Periode verändern. Der Jahresüberschuss bezieht sich aber auf einen Stichtag.

22. $$\frac{\text{Materialaufwand}}{\text{Gesamtleistung}} \times 100$$

23. - Veränderte Beschaffungspreise
- Veränderte Verbrauchsmengen
- Veränderter Ausschuss
- Veränderte Bezugsgröße (z. B. Gesamtleistung)
- Modernisierungsgrad

24. Der Cashflow ermöglicht eine zusätzliche Aussage über die Ertrags- und Finanzkraft, indem die tatsächlichen Einzahlungen und die tatsächlichen Auszahlungen gegenübergestellt werden.

Er soll eine Aussage zulassen über die Möglichkeit,

- zukünftig finanzielle Überschüsse zu erwirtschaften,
- die Zahlungsverpflichtungen zu erfüllen,
- Ausschüttungen an die Anteilseigner zu leisten.

25.   Jahresüberschuss
   +   nicht auszahlungswirksame Aufwendungen
   −   nicht einzahlungswirksame Erträge
   =   Cashflow

26. Die Kapitalflussrechnung ist eine Weiterentwicklung des Cashflows. Er berücksichtigt auch Werte, die nur in der Bilanz und nicht in der GuV vorkommen. Dazu werden die Cashflows aus

    - laufender Geschäftstätigkeit,
    - Investitionstätigkeit und
    - Finanzierungstätigkeit

    zur Kapitalflussrechnung zusammengefasst. Der Gesamtsaldo zeigt die Veränderung des Finanzmittelfonds.

27. Als „Basel II" werden die Vorschriften zum Eigenkapital der Banken bezeichnet, die vom Basler Ausschuss für Bankenaufsicht entwickelt worden sind.

    Sie sollen die Kreditvergabepolitik der Kreditinstitute auch international beherrschbar machen. Die Kapitalanforderungen an Banken werden stärker von dem Risiko abhängig gemacht, das sie bei einer Kreditvergabe eingehen. Die Kreditinstitute müssen daher bei schlechterer Bonität ihrer Kunden mehr Eigenkapital hinterlegen.

    „Basel III", das seit 2013 eingeführt wird, wird eine Erhöhung der Eigenkapitalhinterlegung durch die Banken vorsehen.

28. a) **Mindestkapitalanforderungen**

    Die Eigenkapitalhinterlegung von Krediten durch die Banken soll sich am Kreditausfallrisiko orientieren. Das wiederum muss differenziert nach verschiedenen Risikoarten (Kreditrisiko, Marktrisiko, operationelles Risiko) ermittelt werden. Die Höhe des Kreditausfallrisikos wird mit einem internen oder externen Rating festgestellt.

    Der Basler Ausschuss hat Tabellen entwickelt, wie für bestimmte Bewertungen von Kunden (Ratings) die Risikoklasse zu gewichten ist. Kredite an ausfallgefährdete Kunden müssen mit mehr Eigenkapital und Kredite an weniger oder nicht ausfallgefährdete Kunden mit weniger Eigenkapital hinterlegt werden.

    b) **Aufsichtsrechtliches Überprüfungsverfahren**

    Säule 3 verlangt umfangreiche Überprüfungsverfahren durch die nationalen Bankaufsichtsbehörden (in Deutschland die Deutsche Bundesbank und die Bundesanstalt für Finanzdienstleistungsaufsicht, BaFin) und legt die Grundsätze der nationalen Überprüfung fest. Im Zuge der sog. qualitativen Bankenaufsicht werden auch Risikoarten untersucht, die quantitativ und damit durch Säule 1 nicht erfasst werden können.

    Durch frühzeitiges Eingreifen der Aufsichtsbehörden soll eine Gefährdung der angemessenen Mindesteigenkapitalausstattung verhindert werden.

    c) **Marktdisziplin**

    Offenlegungen durch die Banken haben den Zweck, die Marktmechanismen zu unterstützen und die Sorgfaltspflichten zu dokumentieren.

    Durch den vertieften Einblick in die Risikosituation einer Bank ist bei nicht zufrieden stellenden Ergebnissen mit Marktsanktionen der Beteiligten zu rechnen. Die Kontrolle durch den Markt soll bewirken, dass gut informierte Marktteilnehmer eine risikobewusste Geschäftsführung und ein wirksames Risikomanagement in ihren Entscheidungen honorieren oder aber risikoreicheres Verhalten entsprechend sanktionieren.

29. Die Struktur der Kennzahlen ist gleich, schließlich ist das Erkenntnisinteresse dasselbe. Die Ergebnisse der Kennzahlen sind dagegen unterschiedlich, weil auch nach der Aufbereitung des Jahresabschlusses die Werte der Positionen voraussichtlich unterschiedlich sein werden.

30. Es handelt sich um eine Fiktion: Der Firmenwert gilt als zeitlich begrenzt abnutzbarer Vermögensgegenstand (§ 246 Abs. 1 Satz 4 HGB). Bei der Aufbereitung wird er mit dem Eigenkapital saldiert.

31. Weil die Umsatzerlöse durch das BilRUG anders definiert sind, ändern sich alle Kennzahlen, in denen die Umsatzerlöse Einfluss haben, z. B. Umsatzrendite, Forderungsumschlag, Kapitalumschlag, Rohergebnis.

4.1.3 Betriebliche Sachverhalte steuerlich darstellen

Tz. 173

Weber, 5 vor Steuerrecht, 4. Aufl., Herne 2018.

Das Steuerrecht gehört nach verbreiteter Auffassung zu den Kernkompetenzen der Bilanzbuchhalter. Deshalb werden solide Kenntnisse erwartet. Die einschlägigen Steuergesetze, Durchführungsverordnungen und Richtlinien sollen ausgelegt und auf unternehmerische Problemstellungen angewandt werden können. Es wird erwartet, dass wichtige Paragrafen bekannt sind und zur Stützung der Argumentation genannt werden können.

Die Teilnehmer sollen zeigen, dass sie

- das steuerliche Ergebnis aus dem handelsrechtlichen ableiten können,
- den zu versteuernden Gewinn nach den einzelnen Gewinnermittlungsarten bestimmen können,
- die festzusetzende Körperschaftsteuer berechnen können,
- die Regelungen des Körperschaftsteuerrechts und des Einkommensteuerrechts in Abhängigkeit von der Rechtsform des Unternehmens erläutern können,
- die Gewerbesteuer errechnen können,
- Geschäftsfälle auf ihre umsatzsteuerliche Bedeutung prüfen können,
- Vorschriften zum Verfahrensrecht anwenden und notwendige Anträge stellen können,
- grundlegende Verfahren zur Vermeidung einer Doppelbesteuerung kennen,
- Lohnsteuer, Grunderwerbsteuer und Grundsteuer in das betriebliche Geschehen einordnen können,
- Datensätze für die E-Bilanz ableiten können.[44]

Sehen Sie sich zur Vorbereitung nochmals an:
- Begriffsdefinitionen
- Unterschiede Handels-/Steuerbilanz
- Ermittlung des zu versteuernden Gewinns
- Umsatzsteuer
- Verfahrensrecht

4.1.3.1 Typische Fragen

Tz. 174

1. Was ist eigentlich eine Steuer?
2. Können Sie sagen, wer unbeschränkt einkommensteuerpflichtig ist?

---

44 Vgl. § 7 Abs. 3 BibuchhFPrV.

3. Wissen Sie, was unter „Welteinkommensprinzip" zu verstehen ist? Wozu dient es eigentlich?
4. Was ist ein DBA? Was wird da geregelt?
5. Was bedeutet dabei „Progressionsvorbehalt"?
6. Wie wird eigentlich das zu versteuernde Einkommen nach EStG ermittelt?
7. Welche Einkunftsarten kennen Sie? Sie werden in zwei Gruppen eingeteilt.
8. Was ist eine Sonderbilanz und was ist eine Ergänzungsbilanz? Versuchen sie eine kurze Erklärung.
9. Welche Arten von Betriebsvermögen sind Ihnen bekannt? Geben Sie uns einen Überblick.
10. Welche Einkünfte hat ein Gesellschafter einer OHG?
11. Welche Ertragsteuern zahlt die OHG?
12. Welche nicht abziehbaren Betriebsausgaben kennen Sie?
13. Wie wird der Gewinn bei einer OHG und bei einer KG verteilt?
14. Was ist eigentlich die Körperschaftsteuer? Versuchen Sie eine Beschreibung zu geben.
15. Wissen Sie, was man unter einer verdeckten Gewinnausschüttung (vGA) versteht?
16. Nehmen wir an, nach dieser anstrengenden Prüfung gehen Sie in ein Schnellrestaurant, um sich einen Hamburger zu kaufen. Der Preis liegt bei 2,50 €. Der Inhaber fragt Sie, ob Sie Ihren Hamburger direkt im Restaurant verspeisen wollen, oder ob Sie ihn zum Mitnehmen eingepackt haben möchten. Welche Antwort wird er lieber hören wollen?
17. Wer ist denn grundsätzlich umsatzsteuerpflichtig?
18. Wann liegt ein innergemeinschaftlicher Erwerb vor?
19. Können Sie die Begriffe „Beförderung" und „Versendung" gegeneinander abgrenzen?
20. Wer ist aus umsatzsteuerlicher Sicht ein Unternehmer?
21. Nennen Sie Beispiele für nicht steuerbare Umsätze.
22. Wer muss Gewerbesteuer zahlen?
23. Was wird eigentlich in der Abgabenordnung geregelt?
24. Wann muss eine E-Bilanz erstellt werden?

Im Handlungsbereich „Betriebliche Sachverhalte steuerlich darstellen" wird gerne nach aktuellen Änderungen gefragt. Machen Sie sich deshalb mit den neueren Entwicklungen vertraut.

4.1.3.2 Lösungsvorschläge zu den Fragen

Tz. 175

1. Eine Definition findet sich in § 3 AO: „Steuern sind Geldleistungen, die nicht eine Gegenleistung für eine besondere Leistung darstellen und von einem öffentlich-rechtlichen Gemeinwesen zur Erzielung von Einnahmen allen auferlegt werden, bei denen der Tatbestand zutrifft, an den das Gesetz die Leistungspflicht knüpft; die Erzielung von Einnahmen kann Nebenzweck sein."

2. Natürliche Personen, die im Inland einen Wohnsitz oder ihren gewöhnlichen Aufenthalt haben, sind unbeschränkt einkommensteuerpflichtig (§ 1 Abs. 1 EStG).

3. Nach dem Welteinkommensprinzip, dass in Deutschland bei unbeschränkter Steuerpflicht angewandt wird, muss der Steuerpflichtige sein gesamtes Einkommen in einem Land versteuern, unabhängig davon, wo die Einkünfte erzielt worden sind.

   Bei alleiniger Erfassung der inländischen Einkünfte bestünde ein Anreiz, wirtschaftliche Aktivitäten ins Ausland zu verlagern, wenn die Besteuerung dort niedriger ist. Tatsächlich gibt es aber Ausnahmen, die z. B. in Doppelbesteuerungsabkommen (DBA) festgelegt sind.

4. DBA sind Verträge zwischen Staaten, durch die verhindert wird, dass ein Steuerpflichtiger für dieselben Einkünfte mehrfach belastet wird. Grundsätzlich sind zwei Ansätze denkbar:
   - Der Staat, in dem die Einkünfte entstehen, verzichtet ganz oder teilweise auf die Besteuerung, die dann im Wohnsitzstaat erfolgt.
   - Der Wohnsitzstaat verzichtet ganz oder teilweise auf die Besteuerung von Einkünften, auf die bereits eine ausländische Steuer gezahlt worden ist.

5. Der Progressionsvorbehalt bezieht sich allgemein auf steuerbefreite Einkünfte. Sie werden bei der Ermittlung des Steuersatzes (unter Berücksichtigung der Progression) berücksichtigt (§ 32b EStG).

6. Das zu versteuernde Einkommen ist die Summe der positiven Einkünfte aus allen Einkunftsarten, die der Steuerpflichtige im Veranlagungszeitraum bezogen hat, vermindert um Freibeträge und sonstige abzuziehende Beträge.

7. **Gewinneinkunftsarten:**
   - Einkünfte aus Land- und Forstwirtschaft
   - Einkünfte aus Gewerbebetrieb
   - Einkünfte aus selbstständiger Arbeit

   Überschusseinkommensarten:
   - Einkünfte aus nichtselbstständiger Arbeit
   - Einkünfte aus Kapitalvermögen
   - Einkünfte aus Vermietung und Verpachtung
   - Sonstige Einkünfte

8. In der Sonderbilanz wird das Sonderbetriebsvermögen der Mitunternehmer ausgewiesen. Zum Sonderbetriebsvermögen gehören die Vermögensgegenstände, die einem Gesellschafter ganz oder teilweise gehören, von ihm aber der Gesellschaft für betriebliche Zwecke überlassen werden. Das können z. B. Grundstücke oder Wirtschaftsgüter sein, die im Besitz eines Mitunternehmers sind, aber für betriebliche Zwecke genutzt werden.

   Die Ergänzungsbilanz enthält – bezogen auf den einzelnen Personengesellschafter – Korrekturposten zu den Ansätzen in der Steuerbilanz der Gesellschaft. Ziel ist die zutreffende Erfassung des jeweiligen Beteiligungsanteils für steuerliche Zwecke.

   Übernahme eines Geschäftsanteils

9. Zum Betriebsvermögen gehören alle Wirtschaftsgüter, die nach ihrer Art und Funktion in einem Zusammenhang mit der betrieblichen Leistungserstellung stehen. Sie können wie folgt unterschieden werden:
   - Das notwendige Betriebsvermögen dient objektiv erkennbar unmittelbar dem betrieblichen Zweck.
   - Zum gewillkürten Betriebsvermögen gehören die Wirtschaftsgüter, die geeignet sind, den Betrieb zu fördern, aber sowohl privat wie betrieblich genutzt werden.
   - Zum notwendigen Privatvermögen gehören Wirtschaftsgüter, die weit überwiegend privat genutzt werden.
   - Sonderbetriebsvermögen gibt es bei einer Personengesellschaft, wenn ihr ein Mitunternehmer Wirtschaftsgüter für ihren Betrieb überlässt.

10. Der Gesellschafter einer OHG erzielt Einkünfte aus Gewerbebetrieb. Jeder einzelne Gesellschafter ist einkommensteuerpflichtig.

11. Die OHG ist nicht einkommensteuerpflichtig. Gewinne und Verluste werden bei den einkommensteuerpflichtigen Gesellschaftern berücksichtigt.

12. Wichtige Betriebsausgaben, die nicht abzugsfähig sind:
    - Aufwendungen für Geschenke, deren Anschaffungs- oder Herstellungskosten pro Jahr und Empfänger 35 € (netto) übersteigen (gilt nicht für Geschenke an Arbeitnehmer)

- Aufwendungen für die Bewirtung aus geschäftlichem Anlass sind nur zu 70 % abzugsfähig
- Aufwendungen für die Wege des Steuerpflichtigen zwischen Wohnung und Betriebsstätte
- Geldbußen, Ordnungsgelder und Verwarnungsgelder, Bestechungsgelder

13. Gesetzliche Regelungen, wenn nicht vertraglich anderes vereinbart:
    - **OHG:** 4 % Verzinsung auf die Einlage, Rest wird nach Köpfen verteilt.
    - **KG:** 4 % Verzinsung auf die Einlage, Rest in angemessenem Verhältnis (Berücksichtigung von Haftung und Mitarbeit).

14. Der Körperschaftsteuer unterliegen sämtliche Einkünfte von Kapitalgesellschaften und anderen juristischen Personen. Besteuerungsgrundlage ist das Einkommen, vermindert um eventuelle Freibeträge. Das Einkommen wird nach den Bestimmungen des EStG und besonderen Vorschriften des KStG ermittelt.

    Man könnte auch von einer Einkommensteuer für juristische Personen sprechen.

15. Eine vGA ist eine Zuwendung, die durch das Gesellschaftsverhältnis veranlasst ist. Darunter fällt z. B. die unangemessene Einräumung von Vermögensvorteilen zugunsten der Gesellschafter. Die bloße Verwendung von Gewinnen darf aber nicht zu einer Minderung der Steuerbemessungsgrundlage führen. § 8 KStG regelt, dass für die Besteuerung ohne Bedeutung ist, ob und wie das Einkommen verteilt wird.

16. Wenn der Hamburger im Restaurant verspeist wird, fallen 19 % USt an. Wenn er mitgenommen wird, müssen nur 7 % USt abgeführt werden. Bei einem festen Verkaufspreis wird der Inhaber bevorzugen, dass der Hamburger mitgenommen wird.

17. Steuerbare Umsätze können nur von einem Unternehmer ausgeführt werden (§ 1 Abs. 1 UStG). Es muss also eine gewerbliche oder berufliche Tätigkeit selbstständig ausgeübt werden.

18. Die Lieferung muss von einem Unternehmer durch sein Unternehmen aus dem Gemeinschaftsgebiet gegen Entgelt erfolgen. Die Lieferung darf dabei nach dem Recht des anderen EU-Mitgliedstaates nicht steuerfrei sein.

19. In beiden Fällen muss der Liefergegenstand bewegt/transportiert werden,
    a) bei der Beförderung durch den Lieferer, den Abnehmer oder einen unselbstständigen Erfüllungsgehilfen,
    b) bei der Versendung durch einen selbstständigen Beauftragten.

20. Unternehmer ist, wer eine gewerbliche oder berufliche Tätigkeit selbstständig ausübt (§ 2 UStG).

21. Steuerbefreiungen sind in § 4 UStG geregelt, z. B. für:
    - Heilbehandlungen,
    - Leistungen der gesetzlichen Träger der Sozialversicherung,
    - Leistungen zwischen den selbstständigen Gliederungen einer politischen Partei,
    - Umsätze kommunaler Theater, Orchester, Kammermusikensembles, Chöre, Museen, botanischer Gärten, Tierparks, Archive, Büchereien
    - Vorträge, Kurse und anderen Veranstaltungen wissenschaftlicher oder belehrender Art,
    - Leistungen der Jugendhilfe,
    - Durchführung von kulturellen und sportlichen Veranstaltungen.

22. Jeder stehende und im Inland betriebene Gewerbebetrieb unterliegt der Gewerbesteuer. Unter Gewerbebetrieb ist ein gewerbliches Unternehmen i. S. des Einkommensteuergesetzes zu verstehen.

    Kapitalgesellschaften gelten stets als Gewerbebetrieb.

23. Die AO enthält die allgemeinen Vorschriften und grundsätzlichen Regelungen zum Steuer- und Abgabenrecht. Sie regelt, in welchen Fällen welche Steuer zu tragen ist, wie die Steuer festgesetzt wird und wann sie zu entrichten ist. Beispiele:
    – Allgemeine Definitionen (z. B. Steuer in § 3 AO),
    – Steuerschuldrecht,
    – Verfahrensvorschriften,
    – Regelungen zu Straf- und Bußgeldern.

24. Wenn der Gewinn nach § 4 Abs. 1, § 5 oder § 5a EStG ermittelt wird, müssen die Bilanz und die Gewinn- und Verlustrechnung nach amtlich vorgeschriebenem Datensatz durch Datenfernübertragung übermittelt werden.

4.1.4 Finanzmanagement des Unternehmens wahrnehmen, gestalten und überwachen

Tz. 176

Weber, 5 vor Finanzmanagement, 5. Aufl., Herne 2017.

In diesem Handlungsbereich wird besonders nach dem Verständnis der Grundlagen gefragt. Da umfangreiche Berechnungen wie sie in den Klausuren erforderlich sind, nicht erwartet werden können, beginnt das Gespräch oft mit der Erörterung von Definitionen und wird dann fortgesetzt mit Fragen zum Verständnis der Finanzierungsinstrumente, die kurz und prägnant beantwortet werden sollen.

Die Teilnehmer sollen zeigen, dass sie

- Ziele, Aufgaben und Instrumente des Finanzmanagements beschreiben können,
- Finanz- und Liquiditätsplanungen erstellen können,
- die Möglichkeiten und Methoden der Kapitalbeschaffung auswählen und einsetzen können,
- die optimale Investition mithilfe von Investitionsrechnungen ermitteln können,
- Instrumente zur Begrenzung von Kreditrisiken bewerten und einsetzen können,
- die Formen des In- und ausländischen Kreditverkehrs auswählen und festlegen können.[45]

Sehen Sie sich zur Vorbereitung nochmals an:
- Statische und dynamische Investitionsrechnungen
- Definitionen Eigen-/Fremdfinanzierung, Innen-/Außenfinanzierung
- Ertragskennzahlen

4.1.4.1 Typische Fragen

Tz. 177

1. Beschreiben Sie kurz den Unterschied zwischen Innen- und Außenfinanzierung.
2. Wenn Sie an der Tankstelle mit Ihrer EC-Karte bezahlen, müssen Sie
    a) manchmal eine Unterschrift leisten,
    b) manchmal eine Geheimzahl eingeben.
    Was ist formal der Unterschied?
3. Wodurch unterscheiden sich die statischen und dynamischen Investitionsrechnungsmethoden?
4. Welche Verfahren der
    a) statischen und
    b) dynamischen
    Investitionsrechnung können Sie nennen?

---

45 Vgl. § 7 Abs. 4 BibuchhFPrV.

5. Welche Beispiele können Sie für eine Innenfinanzierung nennen?

6. Erläutern Sie, was Sie unter „Cashflow" verstehen.

7. Welche Arten von Aktien sind Ihnen bekannt?

8. Nehmen Sie an, eine Aktiengesellschaft möchte ihr Grundkapital von 1.000.000 € um 200.000 € erhöhen. Sie möchte dazu neue Aktien ausgeben.

    a) Welche Zustimmung ist erforderlich?

    b) Wie wird sich nach der Kapitalerhöhung der Aktienkurs tendenziell entwickeln?

    c) Welches Instrument steht zur Verfügung, um die Altaktionäre zu schützen?

9. Erklären Sie kurz, was eine Wandelschuldverschreibung ist. Beschreiben Sie die Vor- und Nachteile aus Sicht des Emittenten.

10. Welche Instrumente sind Ihnen bekannt, um die höheren Risiken im Außenhandeln abzusichern?

11. Beschreiben Sie kurz, was unter „Vermögensstruktur" und „Kapitalstruktur" zu verstehen ist.

12. Können Sie erklären, was bei der Finanzierung von Vermögensgegenständen unter „Fristenkongruenz" verstanden wird?

13. Welche Arten von Darlehen sind Ihnen bekannt? Beschreiben sie kurz die wesentlichen Unterschiede.

14. Können Sie erläutern, was unter „Basel II" zu verstehen ist? Vielleicht kennen Sie auch den Unterschied zu „Basel III"?

15. Wer ist denn in Deutschland zuständig für die Bankenaufsicht?

4.1.4.2 Lösungsvorschläge zu den Fragen

Tz. 178

1. a) Bei der Außenfinanzierung wird Eigen- oder Fremdkapital zusätzlich oder erstmalig über den Kapitalmarkt beschafft (z. B. Ausgabe von jungen Aktien, Aufnahme eines Darlehens).

    b) Bei der Innenfinanzierung werden finanzielle Mittel durch den eigenen Betriebs- und Umsatzprozess erwirtschaftet (z. B. Gewinnthesaurierung, Finanzierung durch Abschreibungen). Es gibt keine externen Kapitalgeber.

2. a) Einmalige Ermächtigung zum Einzug von dem angegebenen Konto, die Zahlung ist nicht garantiert.

    b) Das Konto wird sofort belastet. Dieser Vorgang wird auch als electronic cash bezeichnet.

3. Bei der statischen Investitionsrechnung erfolgt die Berechnung anhand einer repräsentativen/durchschnittlichen Periode. Die unterschiedlichen Zeitpunkte der Zahlungsströme, die durch die Investition ausgelöst werden, können nicht berücksichtigt werden.

    Die dynamischen Investitionsrechnungsverfahren nutzen finanzmathematische Methoden, um alle einer Investition zurechenbaren Einzahlungen und die entsprechende Auszahlungen für die erwartete Investitionsdauer zu erfassen. Um die unterschiedlichen Zeitpunkte der Geldbewegungen berücksichtigen zu können, werden sie auf den Investitionszeitpunkt abgezinst.

4. a) Kostenvergleichsrechnung, Gewinnvergleichsrechnung, Rentabilitätsvergleichsrechnung, Amortisationsverfahren

    b) Kapitalwertmethode, Methode des internen Zinsfußes, Annuitätenmethode

5. – Offene Selbstfinanzierung durch (teilweise) Gewinnthesaurierung
   – Stille Selbstfinanzierung durch Unterbewertung von Betriebsvermögen oder Überbewertung von Schulden (Stille Reserven)
   – Finanzierung aus Abschreibungsgegenwerten (Lohmann-Ruchti-Effekt)
   – Finanzierung aus Rückstellungswerten
   – Finanzierung aus Vermögensumschichtung

6. Bei der Berechnung des Cashflows werden die tatsächlichen Zu- und Abflüsse an liquiden Mitteln innerhalb einer Periode ermittelt. Ein positiver Überschuss zeigt,
   – in welchem Ausmaß Investitionen getätigt werden können,
   – ob die Verbindlichkeiten bedient werden können,
   – in welcher Höhe Ausschüttungen erwartet werden können.

7. Das Grundkapital einer Aktiengesellschaft kann aufgeteilt werden in
   – Inhaber- und Namensaktien,
   – Stamm- und Vorzugsaktien,
   – Nennwert- und Quotenaktien.

8. a) Die Hauptversammlung muss mit einer Mehrheit von 3/4 zustimmen (§ 182 Abs. 1 AktG).
   b) Der Kurs der Aktien wird sinken, denn der Wert des Unternehmens verteilt sich auf eine größere Zahl von Aktien.
   c) Die Altaktionäre erhalten ein Bezugsrecht, das sie ausüben oder verkaufen können. Ihr Gesamtvermögen bleibt dadurch konstant.

9. Die Wandelschuldverschreibung ist eine Anleihe, die ein Umtauschrecht auf Aktien (keine Pflicht) enthält. Bei Ausübung wird aus dem Fremdkapital der Anleihe Eigenkapital.

   Vorteile aus Sicht des Emittenten:
   – Wandelschuldverschreibungen werden niedriger verzinst, weil sie ein zusätzliches (Umtausch-)Recht enthalten.
   – Nur der Teil der Anleihe, der nicht umgewandelt wird, muss getilgt werden.
   – Zinsen auf die Anleihe sind Betriebsausgaben und mindern die Steuerbelastung.

   Nachteil aus Sicht des Emittenten:
   – Der Umfang der notwendigen Kapitalerhöhung ist unbekannt, deshalb ist eine bedingte Kapitalerhöhung erforderlich.

10. – **Incoterms:** Regeln zu vertraglichen Vereinbarungen im internationalen Warenhandel, aufgestellt von der Internationalen Handelskammer.
    – **Bankgarantie:** Ein Kreditinstitut übernimmt die Garantie, dass ein bestimmter Erfolg eintritt.
    – **Hermes-Bürgschaften:** Exporteure können sich gegen wirtschaftliche und politische Risiken absichern. Der Bund übernimmt dann unter bestimmten Bedingungen die Zahlung, wenn der ausländische Importeur seinen Verpflichtungen nicht nachkommt.
    – **Dokumenteninkasso:** Der Exporteur reicht seiner Bank die Dokumente mit dem Inkassoauftrag an eine vom Importeur benannte Bank ein. Der Importeur weist die Bank an, nach Erhalt der Dokumente zu zahlen.
    – **Akkreditiv:** Das Akkreditiv ist ein selbstständiges Zahlungsversprechen der Bank des Importeurs. Der Exporteur erhält den vereinbarten Kaufpreis, sobald er die erforderlichen Dokumente dort eingereicht hat.
    – **Termingeschäfte:** Termingeschäfte dienen hauptsächlich der Absicherung des Währungsrisikos. Die Erfüllung des Vertrags erfolgt erst in der Zukunft, die Konditionen sind jedoch vorab fest vereinbart.

11. a) Die Vermögensstruktur bezieht sich auf die Aktivseite der Bilanz. Sie zeigt den Anteil des Anlage- bzw. Umlaufvermögens am Gesamtvermögen.

b) Die Kapitalstruktur bezieht sich auf die Passivseite der Bilanz. Sie zeigt den Anteil des Eigen- bzw. Fremdkapitals am Gesamtkapital.

12. Durch die Forderung nach Fristenkongruenz soll gesichert werden, dass langfristig im Unternehmen vorhandene Vermögensgegenstände auch langfristig finanziert sind. Das langfristig zur Verfügung stehende Kapital soll mindestens so hoch sein wie die langfristigen Vermögensgegenstände: (EK + langfristiges FK) ≥ (AV + Eiserner Bestand).

    Das Umlaufvermögen, das definitionsgemäß (außer dem Eisernen Bestand) kurzfristiges Vermögen darstellt, kann dagegen auch kurzfristig finanziert sein.

13. a) **Fälligkeitsdarlehen:** Die Rückzahlung der Darlehenssumme erfolgt in einer Summe zum Ende der Laufzeit. Während der Laufzeit werden nur die Zinsen gezahlt. Da sich die Darlehenssumme nicht ändert, ist bei einem festen Zinssatz die Höhe der Zinsen konstant.

    b) **Ratendarlehen (Tilgungsdarlehen):** Die Rückzahlung der Darlehenssumme erfolgt bereits während der Laufzeit in gleichen Raten. Dadurch sinkt die Zinsbelastung.

    c) **Annuitätendarlehen:** Der Darlehensnehmer zahlt regelmäßig Annuitäten in gleicher Höhe, die Zinsen und Tilgungsanteile enthalten. Zu Beginn ist der Zinsanteil hoch und der Tilgungsanteil gering, gegen Ende der Laufzeit ist es genau umgekehrt.

14. Mit „Basel II" werden die Eigenkapitalvorschriften des Basler Ausschusses für Bankenaufsicht bei der Kreditvergabe durch Banken bezeichnet. Die Eigenkapitalhinterlegung soll wesentlich stärker am Risiko orientiert werden. Die Regeln werden in insgesamt rund 100 Staaten angewendet. In den Mitgliedstaaten der EU gelten sie gemäß den EU-Richtlinien seit 2007.

    „Basel II" beruht auf drei Säulen:

    Säule 1: Die Eigenkapitalausstattung der Banken soll sich am Kreditausfallrisiko orientieren. Je besser die Eigenkapitalausstattung der Kreditnehmer ist, desto geringer ist das Risiko der Banken einzuschätzen.

    Die Banken selbst müssen ihre verbleibenden Risiken durch ihre eigene Eigenkapitalausstattung abbilden.

    Säule 2: Die zweite Säule verlangt umfangreiche Überprüfungen durch die nationalen Bankaufsichtsbehörden Durch frühzeitiges Eingreifen soll eine mögliche Unterschreitung der notwendige Mindesteigenkapitalausstattung verhindert werden.

    Säule 3: Die dritte Säule bezieht sich auf die Stärkung der Marktdisziplin der Kreditinstitute. Offenlegungen sollen die Marktmechanismen unterstützen und die Einhaltung der Sorgfaltspflichten dokumentieren.

    Mit „Basel III" wurden die Mindestkapitalanforderungen seit 2013 deutlich strenger. Insbesondere muss die sog. Kernkapitalquote deutlich erhöht werden. Sie gibt das Verhältnis des Kernkapitals einer Bank zu den Riskoaktiva an, beschreibt also den Umfang des Risikopuffers und damit die Stabilität und Stärke einer Bank. Nach Basel III ist ab 2019 eine Kernkapitalquote i. H. von 7 % erforderlich.

15. Zuständig für die Bankenaufsicht in Deutschland sind die Deutsche Bundesbank und die Bundesanstalt für Finanzdienstleistungsaufsicht (BaFin), im Rahmen der Europäischen Bankenaufsicht die EZB.

4.1.5 Kosten- und Leistungsrechnung zielorientiert anwenden

Tz. 179

Weber, 5 vor Kosten- und Leistungsrechnung, 5. Aufl., Herne 2017.

Im Handlungsbereich Kosten- und Leistungsrechnung wird besonders häufig nach dem Verständnis der Grundlagen gefragt. Das Gespräch beginnt deshalb typisch mit der Erörterung von Definitionen und wird dann weitergeleitet zu Problemen im Zusammenhang mit Anwendungen in der Praxis. In einem Fachgespräch wird Wert darauf gelegt, dass die Teilnehmer zeigen können, dass Kostenrechnung kein Selbstzweck ist, sondern Basis für ein effektives Kostenmanagement.

Die Teilnehmer sollen zeigen, dass sie

► Methoden und Instrumente zur Erfassung von Kosten und Leistungen auswählen und anwenden können,
► Verfahren zur Kostenverrechnung auswählen und anwenden können,
► Methoden der kurzfristigen Erfolgsrechnung auswählen und anwenden können,
► Verfahren der Kosten- und Leistungsrechnung zur Lösung unterschiedlicher Problemstellungen und zur Entscheidungsvorbereitung zielorientiert anwenden können,
► Grundzüge des Kostencontrollings und es Kostenmanagements erläutern können.[46]

Sehen Sie sich zur Vorbereitung nochmals an:
► Begriffsdefinitionen und -abgrenzungen
► Einteilungsmöglichkeiten der Kosten
► Deckungsbeitragsrechnung

4.1.5.1 Typische Fragen

Tz. 180

1. Sagen Sie uns, was sind eigentlich Kosten?
2. Welche Aufgaben soll die Kosten- und Leistungsrechnung erfüllen?
3. Nach welchen Kriterien können die Kosten eingeteilt werden?
4. Grenzen Sie Auszahlungen gegen Ausgaben, Aufwendungen und Kosten ab.
5. a) Erläutern Sie, was unter kalkulatorischen Kosten zu verstehen ist.
   b) Welche klassischen kalkulatorischen Kostenarten kennen Sie?
6. Manchmal wird behauptet, die fixen Kosten seien tatsächlich gar nicht fix. Können Sie erläutern, was sich hinter dieser These verbirgt?
7. Nehmen Sie an, in einem Produktionsprozess betragen die Fixkosten 1.000 €, die variablen Kosten je Stück 200 €. Wie hoch sind die Gesamtkosten bei der Produktion von 10 Stück bei linearem Kostenverlauf?
8. Sind Grenzkosten eigentlich auch Kosten?
9. Kann man eine Aussage darüber machen, wie sich die Stückkosten bei Beschäftigungsveränderungen verhalten?
10. Können Sie erklären, was unter „Kostenremanenz" verstanden wird?
11. Beschreiben Sie Sinn und Zweck der Kostenstellenrechnung.
12. Wie ermittelt man den Maschinenstundensatz?
13. Definieren Sie uns, was unter einem Deckungsbeitrag zu verstehen ist.
14. Wenn man von der Summe aller Deckungsbeiträge die gesamten Fixkosten abzieht, welchen Wert hat man dann errechnet?
15. Nennen Sie einige wichtige Anwendungsbereiche der Deckungsbeitragsrechnung.
16. Welche Verfahren zur Aufteilung der Gesamtkosten in variable und fixe Kosten kennen Sie?
17. Erklären Sie, was unter Plankostenrechnung zu verstehen ist.

---

46 Vgl. § 7 Abs. 5 BibuchhFPrV.

4.1.5.2 Lösungsvorschläge zu den Fragen

Tz. 181

1. Als Kosten bezeichnet man den bewerteten Leistungsverzehr zur Erstellung der betrieblichen Leistung in einer Periode.

   Alternative Definition:

   Als Kosten bezeichnet man den betrieblich bedingten, bewerteten Verzehr von Gütern und Dienstleistungen in einer Periode.

2. Die Kosten- und Leistungsrechnung erfüllt insbesondere folgende Aufgaben:

   a) Erfassung und Dokumentation von Kosten und Leistungen

   b) Ermittlung der Selbstkosten zu Kalkulationszwecken

   c) Ermittlung des Betriebsergebnisses

   d) Ermittlung des Break-even-Points

   e) Bewertung von fertigen und unfertigen Erzeugnissen

   f) Kontrolle der Wirtschaftlichkeit und Produktivität

   g) Kostenanalyse und Kostenbeeinflussung im Rahmen des Kostenmanagements und -controllings

3. a) Einteilung nach Art der verbrauchten Produktionsfaktoren: z. B. Arbeitskosten, Betriebsmittelkosten, Werkstoffkosten, Kapitalkosten, Dienstleistungskosten, Absatzkosten, Wagniskosten, Steuern und Gebühren, Sonderkosten

   b) Einteilung nach Betriebsfunktionen: z. B. Material, Fertigung, Verwaltung, Vertrieb

   c) Einteilung nach dem Grad der Mengenverrechnung: z. B. Gesamtkosten, Sortenkosten, Stückkosten

   d) Einteilung nach der Zuordnungsmöglichkeit zu den Leistungen: Einzelkosten (direkt zurechenbar), Gemeinkosten (nicht direkt zurechenbar)

   e) Einteilung nach der Reagibilität auf Änderungen der Beschäftigung: variable Kosten, fixe Kosten

4. a) Jeder Abfluss von Zahlungsmitteln wird als Auszahlung bezeichnet. Veränderung des Barvermögens, Abnahme des Bestands an liquiden Mitteln und Sichteinlagen

   b) Abnahme der liquiden Mittel und Forderungen, Zunahme der Verbindlichkeiten

   c) Aufwand ist der gesamte Werteverzehr, das Betriebsvermögen sinkt.

   d) Kosten sind der bewertete Verbrauch von Produktionsfaktoren zur Erstellung der betrieblichen Leistungen in einer Periode. Sie können mengen- und wertmäßig erfasst werden. Betriebsfremder Werteverzehr wird nicht berücksichtigt, wohl aber die kalkulatorischen Kosten.

5. a) Es handelt sich um Kosten, denen kein bzw. kein gleich hoher Aufwand gegenübersteht. Sie dienen internen Kalkulationszwecken.

   – Anderskosten werden bereits in der Finanzbuchhaltung als Aufwand erfasst, in der KLR aber betragsmäßig in anderer Höhe berücksichtigt.

   – Bei Zusatzkosten liegt kein Aufwand vor, aber der Werteverzehr wird in der KLR erfasst.

   – Bei den Grundkosten (Zweckaufwand) stimmen kalkulatorische Kosten und Aufwand überein.

   b) Kalkulatorische Wagnisse, kalkulatorische Abschreibungen, kalkulatorische Miete, kalkulatorischer Unternehmerlohn, kalkulatorische Zinsen.

6. Die Aussage, Fixkosten seien auch veränderbar, bezieht sich auf die Tatsache, dass Fixkosten i. d. R. nur für ein bestimmtes Beschäftigungsintervall konstant sind. Außerhalb dieses

Intervalls können sie sich auf ein neues Niveau verändern. Deshalb spricht man von intervallfixen bzw. sprungfixen Kosten.

Einstellung von neuen Mitarbeitern, Anschaffung einer zusätzlichen Produktionsmaschine

7. $K_G = K_f + K_v \rightarrow 1.000\ € + (10 \times 200\ €) = 3.000\ €$

8. Selbstverständlich, es handelt sich aber nicht um eine eigene Kostenart. Gemeinkosten sind die Kosten, die bei der Produktion der letzten zusätzlichen Leistungseinheit anfallen.

9. Die Stückkosten setzen sich aus den fixen Kosten je Stück und den variablen Stückkosten zusammen. Bei zunehmender Kapazitätsauslastung verteilen sich die Fixkosten auf eine größere Stückzahl, sie sinken dadurch je Stück. Entsprechend sinken die Stückkosten. Es handelt sich um den Fixkostendegressionseffekt.

10. Sinkt die Kapazitätsauslastung, können die Fixkosten nicht in gleichem Umfang abgebaut werden. Beispiele: Mitarbeiter können nicht kurzfristig gekündigt werden, Maschinen nicht abgebaut/verkauft werden.

11. Die Kostenstellenrechnung verbindet die Kostenarten- und die Kostenträgerrechnung. Ihre Aufgaben sind:

    a) Verteilung der Gemeinkosten auf die Kostenträger

    b) Sekundärkostenverrechnung

    c) Ermittlung der Gemeinkostenzuschlagssätze

    Als Instrument wird der Betriebsabrechnungsbogen genutzt.

12. $$\text{Maschinenstundensatz} = \frac{\text{Maschinenabhängige Kosten}}{\text{Maschinenlaufzeit}}$$

    Maschinenabhängige Kosten sind z. B.

    – kalkulatorische Abschreibungen,

    – kalkulatorische Zinsen,

    – Instandhaltungskosten,

    – Raumkosten,

    – Energiekosten,

    – Werkzeugkosten.

13. Der Deckungsbeitrag je Stück ist der Teil des Erlöses, der über die variablen Stückkosten hinausgeht (Verkaufserlös - variable Stückkosten = Stückdeckungsbeitrag).

14. Summe der Deckungsbeiträge - Fixkosten = Betriebsergebnis

15. a) Ermittlung des optimalen Produktionsprogrammes, besonders bei Engpässen

    b) Annahme von Zusatzaufträgen

    c) Aufnahme neuer Produkte

    d) Make-or-buy-Entscheidungen

16. a) Variatormethode,

    b) Differenzen-Quotienten-Verfahren,

    c) Methode der kleinsten Quadrate,

    d) Streupunktdiagramm

17. Bei der Plankostenrechnung werden die Kosten für eine zukünftige Periode geplant. Verglichen werden Plan-, Soll- und Istkosten. Durch eine differenzierte Abweichungsanalyse können danach die Ursachen für eine Kostenüber- bzw. -unterdeckung untersucht werden. Unterschieden werden Beschäftigungs-, Preis- und Verbrauchsabweichungen.

4.1.6 Ein internes Kontrollsystem sicherstellen

Tz. 182

Nicolini, 5 vor Internes Kontrollsystem, 1. Aufl., Herne 2017.

Dieser Handlungsbereich ist neu in die Bilanzbuchhalterprüfung aufgenommen. Es kann deshalb erwartet werden, dass er in dem Fachgespräch keine dominierende Rolle spielen wird. Andererseits werden aber Prüfungsausschüsse die Möglichkeit nutzen, neue Themenbereiche in die mündliche Prüfung einzubringen.

Die Teilnehmer sollen zeigen, dass sie

- Risiken identifizieren und dokumentieren können,
- ein internes Kontrollsystem aufbauen können,
- Methoden zur Beurteilung von Risiken einsetzen können,
- Maßnahmen zur Vermeidung von Risiken kennen.[47]

Sehen Sie sich zur Vorbereitung nochmals an:
- Begriffsdefinitionen
- Fraud-Risiko
- Einsatz von Instrumenten zur Risikobegrenzung

4.1.6.1 Typische Fragen

Tz. 183

1. Gerade bei Unternehmensgründungen werden mögliche betriebliche Risiken falsch eingeschätzt. Nennen Sie uns einige dieser Risiken.
2. Mit welchen Versicherungen kann ein Selbstständiger seine Risiken abdecken?
3. Man unterscheidet zwischen betrieblichen und persönlichen Risiken. Können Sie einige persönliche Risiken nennen?
4. Was ist denn eigentlich die Hauptaufgabe des Risikocontrollings?
5. Es gibt grundsätzlich vier Möglichkeiten, mit erkannten Risiken umzugehen. Können Sie diese nennen?
6. Können Sie kurz erläutern, was man unter externen Risiken versteht?
7. Und was sind dagegen interne Risiken?
8. Wie kann Risikomanagement allgemein definiert werden?
9. Können Sie erklären, was Fraud-Indikatoren sind?
10. Wo finden sich im HGB Hinweise auf die Notwendigkeit eines internen Kontrollsystems?
11. Müssen die Wirtschaftsprüfer das Risikomanagement beurteilen?
12. Erläutern Sie das Vier-Augen-Prinzip.
13. Können Sie die Funktionen einer Risiko-Kontroll-Matrix beschreiben?
14. Konstruieren Sie uns bitte eine Kennzahl zu den Risiken des Anlagevermögens.
15. Kennen Sie eine Kennzahl, mit der Personalrisiken identifiziert werden können?

4.1.6.2 Lösungsvorschläge zu den Fragen

Tz. 184

1. – **Finanzierung:** Der Kapitalbedarf wird unterschätzt.
   – **Erfahrung:** Es fehlt an kaufmännischen Kenntnissen.
   – **Private Einflüsse:** Die Belastung wird unterschätzt.

---

47 Vgl. § 7 Abs. 6 BibuchhFPrV.

- **Marktanalyse:** Die eigenen Chancen werden zu positiv gesehen.
- **Überschätzung:** Der Umsatz ist im Verhältnis zu den Kosten zu niedrig.

2.
   - Betriebshaftpflicht
   - Produkthaftpflicht
   - Vermögenschaden-Haftpflicht
   - Inhaltsversicherung
   - Maschinenversicherung
   - Elektronikversicherung
   - Betriebsschließungsversicherung

3.
   - Fehlende Branchenerfahrung
   - Inkonsequentes Vorgehen
   - Familiäre Belastungen
   - Leichtsinn

4. Aufgabe des Risikocontrollings ist die Früherkennung von Risiken.

5.
   - Risiken vermeiden
   - Risiken verringern
   - Risiken auf andere überwälzen
   - Restrisiken selbst tragen

6. Externe Risiken ergeben sich aus Rahmenbedingungen, die von dem Unternehmen nicht direkt beeinflusst werden können, z. B.:
   - Veränderungen der Marktsituation
   - Verschlechterung der allgemeinen Wirtschaftslage
   - Rechtliche Beschränkungen
   - Technologische Entwicklungen

   Die Gegensteuerung erfolgt aber durch Maßnahmen des Unternehmens.

7. Internen Risiken entstehen im Unternehmen selbst, z. B.:
   - Ausfall von Maschinen
   - Datensicherheit
   - Ausfall von Forderungen
   - Qualifikation der Mitarbeiter
   - Kommunikationswege

   Die Möglichkeiten zur Gegensteuerung liegen allein beim Unternehmen selbst.

8. Risiken sollen frühzeitig erkannt und durch vorbeugende Maßnahmen so weit wie möglich minimiert werden, bevor Probleme entstehen.

9. „Fraud" ist die englische Bezeichnung für „Betrug, List, Täuschung, Unterschlagung". Fraud-Indikatoren beschreiben die Bedingungen, unter denen eine solche Tat möglich ist:
   1. Es muss die Möglichkeit für eine solche Tat bestehen.
   2. Es muss ein Motiv vorhanden sein.
   3. Der Täter muss einen entsprechenden Charakter haben.

10. § 289 Abs. 5 HGB verpflichtet kapitalmarktorientierte Unternehmen, die Elemente eines IKS, die sich auf die Rechnungslegung beziehen, im Anhang darzustellen.

    Nach § 315 Abs. 2 Nr. 1 HGB soll der Konzernlagebericht auf die Risikomanagementziele und -methoden sowie Preisänderungs-, Ausfall und Liquiditätsrisiken und die Risiken aus Zahlungsstromschwankungen eingehen.

11. Der IDW PS 210 „Zur Aufdeckung von Unregelmäßigkeiten im Rahmen der Abschlussprüfung" verlangt, dass die Abschlussprüfung so durchzuführen ist, dass Verstöße gegen gesetzliche Vorschriften, die Satzung oder den Gesellschaftsvertrag erkannt werden.

    Nach IDW PS 261 muss sich der Abschlussprüfer auch einen Überblick über den Umgang des Managements mit Geschäftsrisiken verschaffen.

12. Kein wichtiger Vorgang darf allein von einer einzelnen Person durchgeführt werden, sondern muss von einer zweiten Person geprüft werden (Gegenkontrolle). In manchen Bereichen ist nur so ein Schutz vor Vermögensverlusten möglich.

13. Mit einer Risiko-Kontroll-Matrix erfolgt die systematische Zusammenstellung der bewerteten Risiken. Sie enthält in einfacher Form die identifizierten Risiken und bietet eine Übersicht für die Analyse und Beurteilung der eingeführten Kontrollmaßnahmen. Für einzelne Teilprozesse können gegebenenfalls eigene Risiko-Kontrollmatrizen erstellt werden.

14. Beispielsweise

$$\text{Investitionsquote} = \frac{\text{Nettoinvestitionen}}{\text{historische AK/HK}} \times 100$$

15. Beispielsweise

$$\text{Fluktuationsrate} = \frac{\text{Personalabgänge}}{\text{Zahl der Mitarbeiter}}$$

    oder

$$\text{Ausfallzeiten} = \frac{\text{Ausfallzeit in Stunden}}{\text{Sollstunden}}$$

4.1.7 Kommunikation, Führung und Zusammenarbeit mit internen und externen Partnern sicherstellen

Tz. 185

Nicolini, 5 vor Kommunikation, Führung und Zusammenarbeit, 1. Aufl., Herne 2017.

Dieser Handlungsbereich ist neu in die Bilanzbuchhalterprüfung aufgenommen worden. Es kann deshalb erwartet werden, dass er in dem Fachgespräch keine dominierende Rolle spielen wird. Allerdings liegen Erfahrungen aus anderen IHK-Prüfungen vor.

Die Teilnehmer sollen zeigen, dass sie

▶ situationsgerecht kommunizieren können,
▶ Präsentationstechniken zielgerichtet einsetzen können,
▶ Kriterien für die Personalauswahl begründen können,
▶ den Personaleinsatz planen und steuern können,
▶ Führungsmethoden situationsgerecht anwenden können,
▶ die Berufsausbildung durchführen können,
▶ die Fort- und Weiterbildung fördern können,
▶ den Arbeits- und Gesundheitsschutz gestalten können.[48]

Sehen Sie sich zur Vorbereitung nochmals an:
▶ Begriffsdefinitionen
▶ Einteilungen der Führungsstile
▶ Mitwirkende an der Berufsausbildung
▶ Arbeitsschutzgesetze

---

48 Vgl. § 7 Abs. 7 BibuchhFPrV.

4.1.7.1 Typische Fragen

Tz. 186

1. Nach einem bekannten Kommunikationsmodell können jeder Nachricht vier Aspekte zugeordnet werden. Kennen Sie diese?
2. Die Aussage lautet: „Sie haben auf ein falsches Konto gebucht." Können Sie anhand dieser Aussage die vier Aspekte einer Nachricht konkretisieren?
3. Der österreichische Philosoph und Psychotherapeut *Paul Watzlawick* hat einmal sehr plakativ formuliert: „Man kann nicht nicht kommunizieren." Können Sie diese Behauptung erläutern?
4. Beschreiben Sie den Unterschied zwischen offenen und geschlossenen Fragen.
5. Von *Hersey/Blanchard* ist ein Führungsstil vorgeschlagen worden, der sich am „Reifegrad" orientieren soll. Können Sie beschreiben, was damit gemeint ist?
6. Beschreiben Sie, was ein verhaltensorientierter Führungsstil ist.
7. Es heißt, Führung setze Autorität voraus. Beschreiben Sie kurz die vier Arten von Autorität.
8. Was ist der Unterschied zwischen einem Ausbilder und einem Ausbildenden?
9. Welche wesentlichen Gesetze zum Schutz der Auszubildenden kennen Sie?
10. Was bedeutet im Rahmen der Personalentwicklung Training on the Job?
11. Was verstehen Sie unter Job Rotation?

4.1.7.2 Lösungsvorschläge zu den Fragen

Tz. 187

1. 1.) Sachseite

    2.) Selbstkundgabe

    3.) Beziehungsseite

    4.) Appellseite

2. 1.) Konto 111 ist falsch, richtig wäre 112.

    2.) Ihr Fehler ist ärgerlich.

    3.) Ich bin mit Ihrer Leistung unzufrieden.

    4.) Strengen Sie sich gefälligst mehr an.

3. *Watzlawick* will darauf hinweisen, dass wir nicht nur durch Sprache kommunizieren, sondern auf vielfache Weise auch nonverbal. Deshalb findet Kommunikation immer statt, wenn sich Personen begegnen.

4. Geschlossene Fragen können nur mit Ja oder Nein beantwortet werden. Offene Fragen werden auch „W-Fragen" genannt, weil sie mit einem Fragewort beginnen und die Möglichkeit bieten, Meinungen ausführlich darzustellen.

5. Der Reifegrad beschreibt den Umfang von Fachwissen, Fertigkeiten und Erfahrung. Bei geringen Fähigkeiten soll der Führungsstil zunächst anweisend sein. Sobald sich die Kompetenzen des Mitarbeiters erhöht haben, soll der Führungsstil so verändert werden, dass mehr Verantwortung übertragen wird. Unterschieden werden dabei autoritärer, partizipativer, integrierender und delegierender Führungsstil.

6. Das Verhalten des Vorgesetzten steht als Erfolgsfaktor im Vordergrund. Die klassischen Führungsstile (autoritär bis kooperativ) beruhen auf diesem Ansatz.

7. 1.) Formale Autorität beruht auf der Anerkennung hierarchischer Befugnisse.

   2.) Personale Autorität entsteht durch Anerkennung von sozialen Eigenschaften.

   3.) Funktionale Autorität beruht auf Fachwissen.

   4.) Organisationsautorität beruht auf der Kompetenz bei der Lenkung sozialer Prozesse.

8. Der Ausbilder ist der Arbeitgeber, der Auszubildende einstellt. Er schließt den Ausbildungsvertrag und trägt die Verantwortung dafür, dass das Ausbildungsziel erreicht wird. Er kann die Ausbildung selbst durchführen oder einen Ausbilder damit beauftragen.

   Der Ausbilder übernimmt im Auftrag des Ausbildenden die Planung, Durchführung und Kontrolle der Berufsausbildung. Nach dem Berufsbildungsgesetz darf nur ausbilden, wer persönlich und fachlich dazu geeignet ist.

9. Beispielsweise Jugendarbeitsschutzgesetz, Betriebsverfassungsgesetz, Mutterschutzgesetz, Bürgerliches Gesetzbuch

10. Training on the Job beschreibt die Übernahme zusätzlicher qualifikationsfördernder Aufgaben.

11. Bei Job Rotation handelt sich um einen systematischen Arbeitsplatz- und Aufgabenwechsel, um Kenntnisse zu erweitern und zu vertiefen.

4.2 Integrierte Fragen

Tz. 188

Brücken zu anderen Handlungsbereichen

Bei dieser Vorgehensweise werden Probleme der betrieblichen Praxis „unter Beachtung der maßgeblichen Einflussfaktoren"[49] besprochen, die unterschiedlichen Handlungsbereichen zugeordnet werden können. Diese Gesprächsführung setzt voraus, dass entweder ein Prüfer mehrere (oder idealerweise alle) Handlungsbereiche diskutieren kann, oder dass die – erfahrenen – Mitglieder des Prüfungsausschusses konkurrenzfrei zusammenarbeiten und jeweils Brücken zu anderen Handlungsbereichen bauen können.

Dadurch kann ein wirkliches Fachgesprächs entstehen, wie es die Prüfungsverordnung vorsieht.

Tz. 189

Verknüpfungsmöglichkeiten

Die folgende Übersicht soll einen Eindruck von den Verknüpfungsmöglichkeiten geben. Die Antworten sind beispielhaft und – wie in der Prüfung – nicht notwendig vollständig.

---

[49] § 6 Abs. 6 BibuchhFPrV.

4. Fragen zur Vorbereitung auf das Fachgespräch

Abb. 27: Beispiele für Verknüpfungsmöglichkeiten zwischen verschiedenen Handlungsbereichen

	1. Handlungsbereich		2. Handlungsbereich		3. Handlungsbereich	
	Frage	Antwort	Frage	Antwort	Frage	Antwort
1.	Welche Folge haben Rückstellungen für drohende Verluste aus schwebenden Geschäften auf andere Bilanzpositionen?	Weil Drohverlustrückstellungen in der Steuerbilanz verboten sind, entstehen aktive latente Steuern.	Wie werden aktive latente Steuern in der Jahresabschlussanalyse behandelt?	Sie werden mit dem Eigenkapital saldiert.	Gibt es nach IFRS auch latente Steuern?	Ja, die Regelung findet sich in IAS 12.
2.	Welche Arten von Darlehen sind Ihnen bekannt?	– Fälligkeitsdarlehen, – Ratendarlehen, – Annuitätendarlehen.	Wenn Sie ein Darlehen mit variablem Zins aufgenommen haben, welches Risiko besteht dann und wie kann es vermieden werden?	Das Risiko von steigenden Zinsen kann durch den Kauf eines Cap begrenzt, aber nicht vollständig vermieden werden.	Wäre ein Cap auch für die Kostenrechnung relevant?	Ja, er erhöht die Kosten für das Fremdkapital.
3.	Welche grundsätzlichen Möglichkeiten der externen Personalbeschaffung bestehen, wenn ein Abteilungsleiter eingestellt werden soll?	Beispielsweise – Headhunter, – Ansprache bei Messen und Kongressen, – Inserate in Fachmedien und im Internet.	Welche Risiken bestehen, wenn die Position eines Vorgesetzten intern besetzt wird?	– Führungsfähigkeit ist nicht bekannt. – Widerstand von den bisherigen Kollegen.	Hat die Einstellung auch Auswirkungen auf Kennzahlen?	Der Personalaufwand wird sich i. d. R. erhöhen, dann steigt die Personalaufwandsquote.

IV. Fachgespräch

	1. Handlungsbereich		2. Handlungsbereich		3. Handlungsbereich	
	Frage	Antwort	Frage	Antwort	Frage	Antwort
4.	Eine AG möchte eine ordentliche Kapitalerhöhung durchführen. Welche Zustimmung ist erforderlich?	Die Hauptversammlung muss mit 75 % zustimmen.	Welche Bilanzpositionen werden durch die Kapitalerhöhung beeinflusst?	Der Nominalbetrag wird in das gezeichnete Kapital, das Aufgeld in die Kapitalrücklage eingestellt. Die Zuflüsse erhöhen die liquiden Mittel.	Wie wirkt sich die Kapitalerhöhung auf das Rating aus?	Eine hohe Eigenkapitalausstattung wird positiv gesehen. Zu berücksichtigen ist aber auch der Leverage-Effekt.
5.	Kennen Sie die Kennzahl „Dividendenrendite"?	Die erwartete Dividende wird zum Börsenkurs ins Verhältnis gesetzt.	Wie verändert sich grundsätzlich die Kennzahl, wenn eine Kapitalerhöhung stattfindet?	Weil dann der Börsenkurs sinkt, steigt (unter sonst gleichen Bedingungen) die Dividendenrendite.	Ist dabei von Bedeutung, ob der Jahresabschluss nach HGB oder nach IFRS aufgestellt wird?	Nein, die grundsätzlichen Überlegungen sind dieselben.
6.	Kann man das Betriebsklima eigentlich auch mit Kennzahlen erfassen?	Die Kennzahlen – Fluktuationsquote, – Krankenstand, – Zahl der Bewerbungen gelten als Indikatoren für das Betriebsklima.	Wirkt sich die Fluktuation auch auf die Kosten des Unternehmens aus?	Durch Fluktuation entstehen Kosten für Personalbeschaffung, Einarbeitung usw.	Gibt es auch steuerliche Auswirkungen?	Bei den genannten Kosten handelt es sich um Grundkosten. Sie werden unverändert als Personalaufwand erfasst und mindern den Gewinn.
7.	Wie ist die Kennzahl „Anlagenintensität" definiert?	Das Anlagevermögen wird ins Verhältnis zum Gesamtvermögen gesetzt und prozentual ausgedrückt.	Welches Problem kann bei einer hohen Anlagenintensität in der Kostenrechnung auftreten?	Bei abnehmender Beschäftigung kann die Kapazität nicht kurzfristig angepasst werden. Das wird als Kostenremanenz bezeichnet.	Ist die Kennzahl unabhängig davon, ob nach HGB oder nach IFRS bilanziert wird?	Nein, weil die Bewertungsgrundsätze unterschiedlich sind, wird die Kennzahl allenfalls zufällig denselben Wert haben.

4. Fragen zur Vorbereitung auf das Fachgespräch

	1. Handlungsbereich		2. Handlungsbereich		3. Handlungsbereich	
	Frage	Antwort	Frage	Antwort	Frage	Antwort
8.	Wie lautet die Formel für die Liquidität 2. Grades?	(Mittel 1. + 2. Grades) / (kurzfr. Verbindlichk.) x 100	Wenn diese Kennzahl besorgniserregend ausfällt, welche Maßnahmen wären denkbar?	Beispielsweise – Thesaurierung des JÜ – Darlehensaufnahme – Anleihen emittieren	Wie würde sich eine Darlehensaufnahme auf das EK auswirken?	Gar nicht, aber die EK-Quote würde sinken, weil das FK zunimmt.
9.	Welche Ansatzwahlrechte gibt es in der Handelsbilanz für Rückstellungen?	Keine, Rückstellungen müssen angesetzt werden (§ 253 Abs. 1 HGB).	Ist das in der Steuerbilanz auch so?	Grundsätzlich gilt das Maßgeblichkeitsprinzip, hier besteht aber eine besondere steuerliche Vorschrift: Drohverlustrückstellungen sind nicht erlaubt.	Und wie sieht das nach IFRS aus?	Aufwandsrückstellungen sind nicht erlaubt, weil es sich dabei nicht um eine Außenverpflichtung handelt.
10.	Eine AG möchte einen großen Investor zu einer Anlage gewinnen. Welches Rechnungslegungssystem wird ihn überzeugen?	Die IFRS bieten Anlegern bessere Informationen als das HGB.	Welche Art der Finanzierung läge vor, wenn sich der Investor engagiert?	Eigenfinanzierung und Außenfinanzierung.	Welche anderen Möglichkeiten hätte die AG, eine Investition zu finanzieren?	Beispielsweise – Darlehensaufnahme – Ausgabe von Anleihen – Selbstfinanzierung
11.	Was ist eigentlich der „Firmenwert"?	Wenn der Kaufpreis für ein Unternehmen höher ist als die Vermögenswerte abzüglich Schulden, wird die Differenz als „Firmenwert" bezeichnet.	Welche Voraussetzung müsste gegeben sein, wenn dieser Unternehmenskauf durch Ausgabe junger Aktien finanziert werden soll?	Die Hauptversammlung müsste mit einer Mehrheit von 75 % zustimmen.	Auf welche Kennzahlen würde sich die Kapitalerhöhung auswirken?	Auf alle, die sich auf das Eigenkapital beziehen, z. B. – EK-Quote – Deckungsgrade – EK-Rentabilität

IV. Fachgespräch

		1. Handlungsbereich		2. Handlungsbereich		3. Handlungsbereich	
		Frage	Antwort	Frage	Antwort	Frage	Antwort
12.		Nehmen Sie an, in einem Unternehmen betrüge die Eigenkapitalquote 50 %. Wie beurteilen Sie diese Situation?	Die EK-Quote ist vergleichsweise hoch. Das Unternehmen scheint sehr solide finanziert zu sein, das EK kann seine Funktionen erfüllen.	Wie beurteilen Sie die Situation in diesem Unternehmen aus Sicht der Mitarbeiter?	In einem solchen Unternehmen würde ich gerne arbeiten, der Arbeitsplatz erscheint mir relativ sicher.	Warum, da gibt es aber doch auch noch andere Kriterien?	Natürlich spielen auch die Unternehmenskultur, das Betriebsklima und andere konkrete Einflüsse am Arbeitsplatz eine Rolle.
13.		Können Sie erklären, was ein Disagio ist?	Wenn bei einem Darlehen der Auszahlungsbetrag unter dem Rückzahlungsbetrag liegt, ist die Differenz das Disagio/Damnum/Abgeld.	Sie haben ein Darlehen mit Disagio aufgenommen. Wie wird das Disagio in der Handelsbilanz behandelt?	Es besteht ein Wahlrecht: Aktivierung (aRAP) und planmäßige Abschreibung oder Aufwandsbuchung.	Welches zusätzliche Problem entsteht, wenn Sie das Disagio als Aufwand gebucht haben?	Weil in der Steuerbilanz eine Aktivierungspflicht besteht, kommt es zu latenten Steuern in der Handelsbilanz.

82

5. Beurteilung des Fachgesprächs

Tz. 190

Das Fachgespräch muss sich zwar auf die Präsentation beziehen, wird aber eigenständig bewertet. Es gibt keine pauschalen Bewertungskriterien, aber es lassen sich drei Bewertungsbereiche benennen:[50]

Beurteilung

Abb. 28: Bewertungskriterien Fachgespräch

1.	Beherrschung des relevanten fachlichen Hintergrunds	1. Wissen um die aktuelle Fachdiskussion
		2. Kennen der Zusammenhänge
2.	Umgang mit Problemen	1. Erkennen von Problemen
		2. Darstellung von Lösungsmöglichkeiten
		3. Reflexion der gefundenen Lösung
3.	Begründung von Entscheidungen	1. Fachliche Argumentation
		2. Schlüssigkeit der Begründungen
		3. Souveränität der Darstellung

Die Bewertung soll angemessen, neutral und objektiv sein. Sie soll zu vergleichbaren Ergebnissen zwischen den Teilnehmern führen, sowohl bei der jeweiligen IHK als auch zwischen den Prüfungsstandorten bei bundeseinheitlichen Prüfungen.[51]

Tz. 191

Das Fachgespräch wird gegenüber der Präsentation doppelt gewichtet.

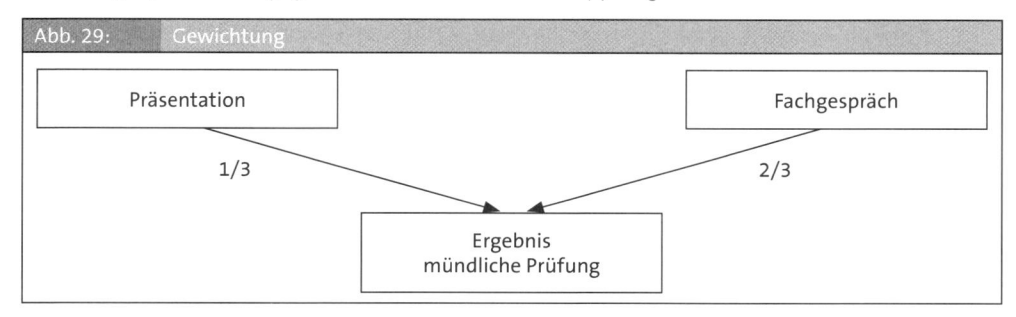

Abb. 29: Gewichtung

Präsentation — 1/3 → Ergebnis mündliche Prüfung ← 2/3 — Fachgespräch

---

[50] Vgl. Prüfungskompass, hrsg. von den Industrie- und Handelskammern Aachen, Arnsberg, Bonn/Rhein-Sieg, Dortmund, Düsseldorf, 3. Aufl., Bonn 2004, S. 156.
[51] *Meiser*, Bewertung des Fachgespräches nach Präsentation und Bewertung von Projektarbeiten, in: PrüfungsPraxis Nr. 5, o. O. (Bonn) 2016, S. 7.

V. Bewertung der mündlichen Prüfung

Tz. 192

Die Teilnehmer haben einen Anspruch auf eine sachgerechte und fundierte Bewertung ihrer Leistungen. Weil sie auf einem einmaligen, vergleichsweise kurzen Eindruck aufbaut, erfordert sie zugleich Erfahrung und Fairness.

Tz. 193

Einen Überblick über mögliche Bewertungskriterien gibt die Tabelle:[52]

Bewertungskriterien

Bewertungskriterien	Erreichbare Punkte
Sachliche und fachliche Richtigkeit	0–60
Vollständigkeit	0–5
Tiefe und Breite der Ausführungen	0–10
Angemessene Vorgehensweise	0–3
Fachsprache, Strukturierung	0–5
Transferfähigkeit	0–10
Notwendige Hilfen	10–0
Sicherheit der Beantwortung	0–7
	0–100

Tz. 194

Die mögliche praktische Umsetzung zeigt ein Beispiel der IHK Region Stuttgart:[53]

praktische Umsetzung

---

[52] Nach *Schmidt*, Prüfungsmethoden in der beruflichen Aus- und Weiterbildung, hrsg. von der DIHK-Gesellschaft für berufliche Bildung, Bonn 2011, S. 67.
[53] *Schmidt*, Prüfungsmethoden in der beruflichen Aus- und Weiterbildung, hrsg. von der DIHK-Gesellschaft für berufliche Bildung, Bonn 2011, S. 68.

V. Bewertung der mündlichen Prüfung

Abb. 30: Bewertung der IHK Region Stuttgart

Punkte	92–100	81–91	67–80	50–66	30–49	0–29
Beherrschung des für die Fachaufgabe relevanten Fachhintergrunds	wird sicher und überzeugend beherrscht	wird beherrscht	wird im Allgemeinen beherrscht	wird im Allgemeinen beherrscht, wenige Zusammenhänge werden oft falsch oder nicht erkannt	wird nicht sicher beherrscht, Zusammenhänge werden oft falsch oder nicht erkannt	wird nicht beherrscht, Zusammenhänge werden im Allgemeinen nicht oder falsch erkannt
Einordnen der Fachaufgabe in Gesamtzusammenhänge und Erläuterung von Hintergründen	Erfolgt selbstständig und sicher. Fachliche Argumente und Begründungen werden immer richtig und überzeugend vorgetragen.	Erfolgt sicher. Fachliche Argumente und Begründungen werden sicher und richtig vorgetragen.	Erfolgt fast immer richtig. Fachliche Argumente und Begründungen werden richtig und überwiegend angemessen vorgetragen.	Erfolgt im Allgemeinen richtig. Fachliche Argumente und Begründungen werden zwar meist richtig, aber oft unangemessen vorgetragen.	Selbst einfache Gesamtzusammenhänge werden nicht immer richtig gesehen. Fachliche Begründungen und Argumente werden nur teilweise richtig und umständlich oder unangemessen vorgetragen.	Selbst einfache Gesamtzusammenhänge werden nicht gesehen. Fachliche Argumente und Begründungen werden meist falsch, nicht oder unangemessen vorgetragen.
Bewertung der Ergebnisse	Ergebnisse werden fachlich überzeugend dargestellt.	Ergebnisse werden fachlich einwandfrei dargestellt.	Ergebnisse werden meist fachlich angemessen dargestellt.	Ergebnisse werden im Allgemeinen richtig dargestellt.	Die fachliche Darstellung der Ergebnisse überzeugt im Allgemeinen nicht.	Ergebnisse können nicht fachlich einwandfrei dargestellt werden.

Tz. 195

Grundsätzlich bildet sich jeder Prüfer ein eigenes Urteil. Diese Einzelbewertungen werden anschließend im Prüfungsausschuss besprochen und eine einheitliche Bewertung herbeigeführt, die von allen Ausschussmitgliedern getragen wird.

einheitliche Bewertung

Abb. 31: Bewertungsprotokoll

Muster[54]		
Prüfungsteilnehmer:		
Prüfungsnummer:		
Bewertungskriterien	max. Punktzahl	erreichte Punkte
I. Struktur und Durchführung der Präsentation		
Einstieg		
Thema überzeugend und adressatengerecht dargestellt		
Strukturiert die Präsentation und verliert das Ziel nicht aus den Augen		
Präsentationsziel verdeutlicht		
Ausgangssituation berücksichtigt (Vorkenntnisse, Anknüpfungspunkte)		
Interesse geweckt und erhalten		
Beabsichtigte Methode und Medien für das Thema geeignet		
Kernaussagen zusammengefasst und visualisiert Thema/Inhalt verständlich vermittelt		
Anmerkungen:		
Zwischensumme	20	
II. Medieneinsatz/optischer Aufbau/zeitlicher Rahmen		
Medien zum Thema und zum gesprochenen Wort passend eingesetzt		
Lesbarkeit/Layout/Farben/Bilder/Struktur		
Freier Blick zu den Medien		
Bringt die Präsentation zum Abschluss		
Anmerkungen:		
Zwischensumme	15	
III. Gesamtverhalten		
Stilmittel (z. B. Begrüßung, Abschluss)		
Stimme (Lautstärke, Stimmlage)		
Artikulation (Ausdruck, Fachsprache, Sprechtempo, Sprachmittel)		
Körpersprache (Blickkontakt, offene Gestik, Mimik, Haltung)		
Sicheres Auftreten, angemessenes Erscheinungsbild		
Anmerkungen:		
Zwischensumme	15	
IV. Fachgespräch		
Das Prüfungsgespräch bezieht sich auf das eingereichte Konzept und die Präsentation sowie weitere Bewertungskriterien.		
Anmerkungen:		
Zwischensumme	50	
Gesamtpunktzahl	100	
Datum		
Prüfungsausschuss (Vorsitzender/Vorsitzende)		
Übrige Mitglieder		

---

54 In Anlehnung an ein Bewertungsprotokoll der IHK Koblenz, in: *Meiser*, Bewertung des Fachgespräches nach Präsentation und Bewertung von Projektarbeiten, in: PrüfungsPraxis Nr. 5, o. O. (Bonn) 2016, S. 9 f.

V. Bewertung der mündlichen Prüfung

Ergebnis im Anschluss an das Fachgespräch

Tz. 196

Das Ergebnis der mündlichen Prüfung wird im Anschluss an das Fachgespräch mitgeteilt. Oft führt dann der Vorsitzende des Prüfungsausschusses noch ein kurzes abschließendes Gespräch. Auf detaillierte Angaben zur Notenfindung oder gar eine Rechtfertigung besteht allerdings kein Anspruch.[55] Über das Bestehen der Prüfung wird ein Zeugnis ausgestellt. Bei manchen IHKs wird es sofort gedruckt und ausgehändigt, bei anderen zeitnah zugeschickt.

1. Bestehen der Prüfung

Tz. 197

mündliche und schriftliche Prüfung 1:1

Das Ergebnis der mündlichen Prüfung geht zu gleichen Teilen in die Endnote ein wie das Ergebnis der schriftlichen Prüfung, obwohl sie deutlich umfangreicher ist. Das wird damit begründet, dass mündlich auch alle Fächer geprüft werden und deshalb der Schwierigkeitsgrad vergleichbar ist.

Sowohl in der schriftlichen wie auch in der mündlichen Prüfung müssen insgesamt ausreichende Leistungen erbracht werden, innerhalb der beiden Prüfungsteile ist ein „Ausgleich" aber möglich.[56]

Tz. 198

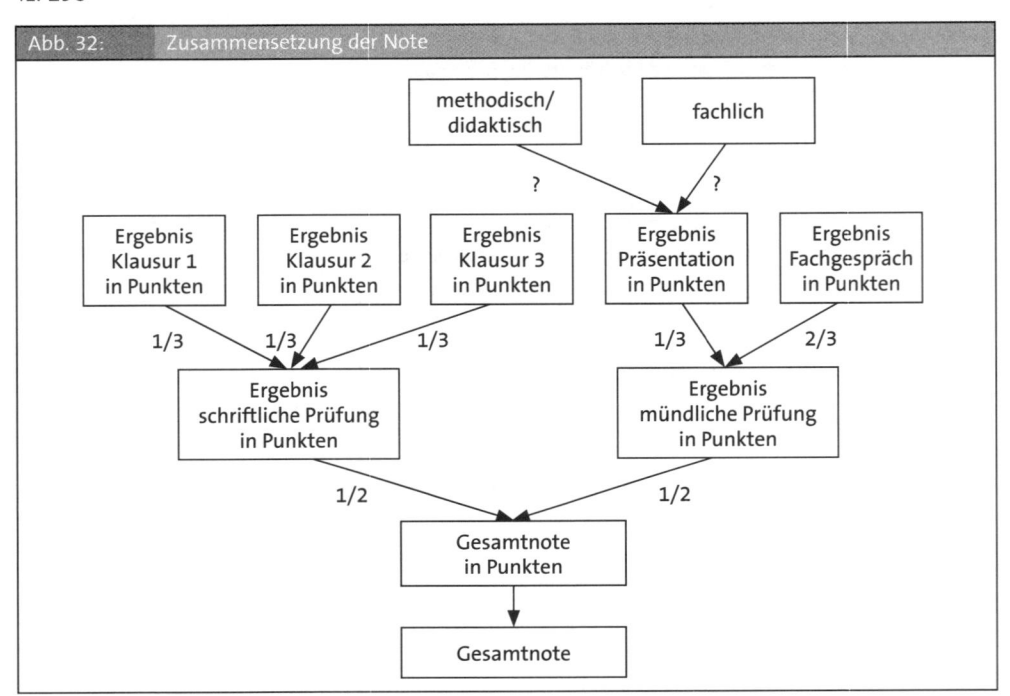

Abb. 32: Zusammensetzung der Note

---

[55] Vgl. *Beckers*, IHK-Handbuch für Prüfer, hrsg. von der DIHK-Gesellschaft für berufliche Bildung, Bonn 2014, S. 49.
[56] § 9 BibuchhFPrV.

Tz. 199

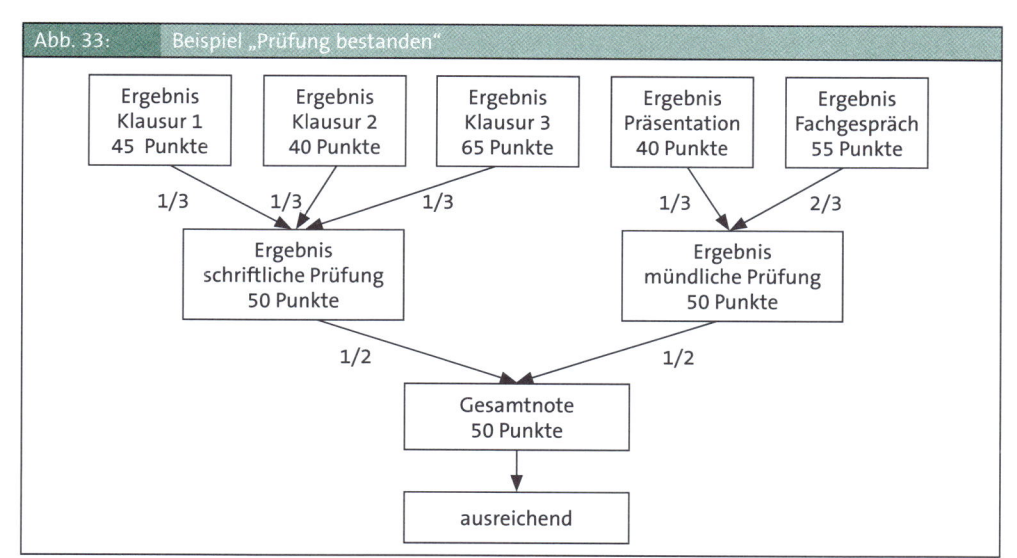

Abb. 33: Beispiel „Prüfung bestanden"

```
Ergebnis Klausur 1: 45 Punkte
Ergebnis Klausur 2: 40 Punkte
Ergebnis Klausur 3: 65 Punkte
  → (je 1/3) → Ergebnis schriftliche Prüfung: 50 Punkte

Ergebnis Präsentation: 40 Punkte (1/3)
Ergebnis Fachgespräch: 55 Punkte (2/3)
  → Ergebnis mündliche Prüfung: 50 Punkte

Ergebnis schriftliche Prüfung (1/2) + Ergebnis mündliche Prüfung (1/2)
  → Gesamtnote: 50 Punkte → ausreichend
```

Drei der fünf Prüfungsleistungen sind „mangelhaft" beurteilt. Obwohl die beiden anderen nicht besser als „ausreichend" sind, ist die Prüfung bestanden.

Tz. 200

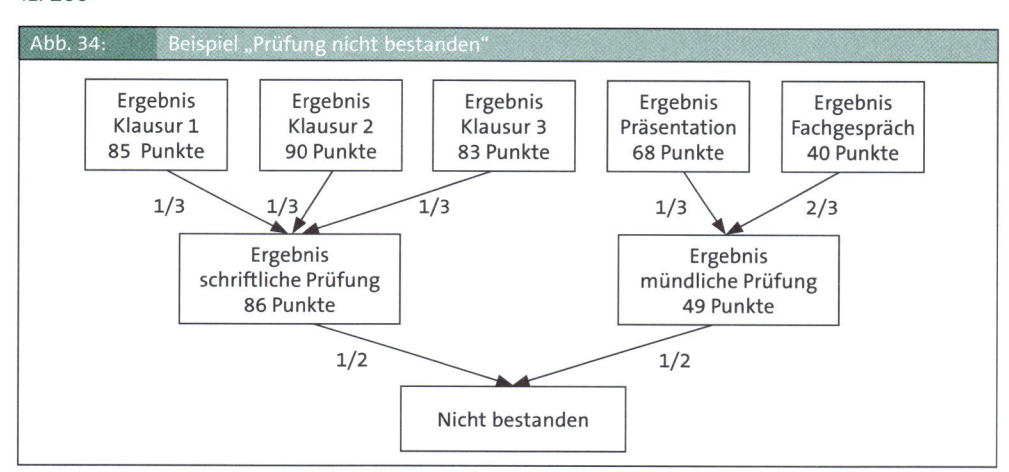

Abb. 34: Beispiel „Prüfung nicht bestanden"

```
Ergebnis Klausur 1: 85 Punkte
Ergebnis Klausur 2: 90 Punkte
Ergebnis Klausur 3: 83 Punkte
  → (je 1/3) → Ergebnis schriftliche Prüfung: 86 Punkte

Ergebnis Präsentation: 68 Punkte (1/3)
Ergebnis Fachgespräch: 40 Punkte (2/3)
  → Ergebnis mündliche Prüfung: 49 Punkte

Ergebnis schriftliche Prüfung (1/2) + Ergebnis mündliche Prüfung (1/2)
  → Nicht bestanden
```

Alle Klausuren sind „gut" bewertet und die Präsentation „befriedigend". Trotzdem ist die Prüfung nicht bestanden, weil das Gesamtergebnis der mündlichen Prüfung durch die schriftliche Leistung nicht ausgeglichen werden kann.

2. Wiederholung der mündlichen Prüfung

Tz. 201

Eine nicht bestandene mündliche Prüfung kann zweimal wiederholt werden. Wenn sie innerhalb von zwei Jahren beantragt wird, muss die schriftliche Prüfung nicht wiederholt werden. Voraussetzung ist aber, dass sie mindestens „ausreichend" bewertet worden war.[57]

Das zur ersten mündlichen Prüfung eingereichte Präsentationsthema kann in der Wiederholungsprüfung erneut angegeben werden.

zweimalige Wiederholung möglich

---

57 § 11 Abs. 1 und 3 BibuchhFPrV.

VI. Rechtliche Aspekte

1. Unzumutbare Bedingungen

Tz. 202

Sowohl für die schriftliche als auch für die mündliche Prüfung, bemühen sich die IHKs, angemessene Rahmenbedingungen zu schaffen, damit die Leistungen nicht durch äußere Umstände beeinflusst werden. In seltenen und extremen Fällen kann es trotzdem zu Beeinträchtigungen kommen.

Unzumutbare Bedingungen[58] könnten z. B. entstehen durch

- extrem lange Wartezeiten,
- Hitze in den Prüfungsräumen, die die Konzentration erheblich beeinträchtigt,
- extreme Lärmentwicklung, die die Konzentration erheblich beeinträchtigt, oder
- erhebliche Unterbrechungen (Prüfer werden ans Telefon gerufen, Stromausfall).

Beeinträchtigungen

Tz. 203

Solche und vergleichbare Beeinträchtigungen müssen von Prüfungsteilnehmern unverzüglich und auf jeden Fall noch während der Prüfungszeit gerügt werden. Nach Bekanntgabe des Ergebnisses sind Rüge und Rücktritt grundsätzlich ausgeschlossen. Andernfalls entstünde ein faktisches Wahlrecht, das unter dem Aspekt ausgeübt werden könnte, ob das Prüfungsergebnis zusagt oder nicht.

2. Täuschungsversuche

Tz. 204

Die Prüfung kann verständlicherweise nicht bestanden werden, wenn die tatsächlichen Leistungen des Prüfungsteilnehmers nicht ermittelt werden können.[59] Schon aus dem Grundsatz der Chancengleichheit ergibt sich, dass sich niemand gegenüber anderen einen Vorteil durch Verwendung unerlaubter Hilfsmittel verschaffen darf.

Verwendung unerlaubter Hilfsmittel

> „Eine prüfungsrechtlich relevante Täuschungshandlung liegt vor, wenn der Prüfling eine eigenständige und reguläre Prüfungsleistung vorspiegelt, bei deren Erbringung er sich in Wahrheit unerlaubter Hilfe bedient hat."[60]

MERKE

Tz. 205

Bei einer Präsentation z. B. liegt eine Täuschungshandlung vor, wenn

- Quellen nicht angegeben werden, wenn z. B. Grafiken oder Skizzen aus Büchern oder dem Internet übernommen werden und dabei der Eindruck erweckt wird, als seien sie selbstständig entwickelt worden;
- sie ganz oder teilweise von anderen Personen erstellt worden ist. Das gilt sowohl für die Entwicklung als auch für die Anfertigung von Visualisierungselementen.

Täuschungshandlung

Plagiate, also die Übernahme fremder Texte, sind von erfahrenen Prüfern erstaunlich leicht zu bemerken und zu belegen.

HINWEIS

Tz. 206

Die IHK entscheidet dann zusammen mit dem Prüfungsausschuss über das weitere Vorgehen.

Beweislast

Grundsätzlich muss die IHK beweisen, dass jemand getäuscht hat. Die Beweislast kehrt sich jedoch um, wenn „bei lebensnaher Betrachtung offensichtlich ist", dass eine Täuschung vorliegt. Dann muss der Prüfungsteilnehmer nachvollziehbar darlegen, dass er keinen Täuschungsversuch unternommen hat.

---

58 Vgl. *Bayer*, Zu hoch gepokert, in: DIHK-Gesellschaft für berufliche Bildung (Hrsg.), Prüfer, Newsletter für Prüfer in der IHK-Weiterbildung, Bonn Herbst 2013.
59 Vgl. zum Folgenden *Löffelholz*, Spickzettel mit Folgen – Wie werden Täuschungshandlungen sanktioniert, in: PrüfungsPraxis Nr. 52, o. O. (Bonn) 2014, S. 27 ff.
60 OVG Münster, Urteil vom 24. 7. 2013 – 14 A 880/11.

Tz. 207

Bei einer Präsentation ist die Versuchung besonders groß, fremde Hilfe in Anspruch zu nehmen. Das Risiko ist aber erheblich, denn erfahrene Prüfer werden das auch dann erkennen können, wenn die Unterstützung bewusst verschleiert wird.

Sanktionen

Die denkbaren Sanktionen richten sich nach der Schwere der Täuschung. Möglich sind

- ▶ Verwarnung,
- ▶ Wiederholung der Prüfung,
- ▶ Nichtbestehen eines Prüfungsteils,
- ▶ Nichtbestehen der gesamten Prüfung.

Wenn eidesstattlich erklärt worden ist, die Präsentation selbst angefertigt zu haben, steigen zudem die strafrechtlichen Risiken: Wer eine falsche Versicherung gegenüber einer zuständigen Behörde an Eides statt abgibt, wird gem. § 156 StGB mit Freiheitsstrafe bis zu drei Jahren oder mit Geldstrafe bestraft.

Wer Prüfungsteilnehmern bei einer Täuschung hilft, muss ebenfalls mit einer Bestrafung rechnen.

HINWEIS: Die Gefahr eines Täuschungsversuchs besteht vor allem bei der Vorbereitung der Präsentation. Auch die Kurzbeschreibung und die Gliederung, die bei der IHK eingereicht werden müssen, können Plagiate sein.

3. Widerspruch

Tz. 208

Einsichtnahme

Nach Abschluss der Prüfung haben die Teilnehmer Anspruch auf Einsichtnahme in die Prüfungsunterlagen, um einen effektiven Rechtsschutz zu gewährleisten. Die Einsichtnahme wird durch die IHK organisiert,[61] d. h. Ort und Zeitpunkt werden vorgegeben.

Rechtsmittel

Da die Prüfungsentscheidung einen Verwaltungsakt darstellt, können dagegen Rechtsmittel eingelegt werden. Ansprechpartner ist die IHK, nicht der Prüfungsausschuss. Der Prüfungsteilnehmer kann zunächst Widerspruch bei der IHK einlegen.

Begründung

Die Begründung darf sich nicht auf pauschale Aussagen beschränken, sondern muss nachvollziehbar begründet und substantiiert darlegen, wo Verfahrens- oder Bewertungsfehler unterlaufen sein sollen.

BEISPIELE:

Ohne Aussicht auf Erfolg	Mit Aussicht auf Erfolg
„Meine Ausführungen sind richtig."	„Auf Seite 3 sind die Punkte falsch (8 statt richtig 12) addiert worden."
„Das haben wir im Unterricht nicht behandelt."	„Bei der mündlichen Prüfung war kein Beauftragter der Arbeitnehmer anwesend."
„Diese Fragestellung war aus dem Aufgabentext nicht erkennbar."	„Das geprüfte Thema ‚Kündigung' ist durch den Rahmenplan nicht abgedeckt."

Tz. 209

Überprüfungsverfahren

Danach wird allerdings – noch – nicht das eigentliche Widerspruchsverfahren, sondern zunächst ein vorgerichtliches verwaltungsinternes Überdenkungsverfahren eingeleitet. Das ist eine Besonderheit im Prüfungsrecht. Der Teilnehmer erhält dadurch ein eigenständiges Recht, dass sich die Prüfer nochmals mit seiner Leistung und seinen Einwänden auseinandersetzen.[62]

Damit soll der Tatsache Rechnung getragen werden, dass die Prüfer die einzigen sind, die bereits mit der Prüfung (auch der anderen Teilnehmer) befasst waren und ggf. ihre Entscheidung überdenken können. Würde die Prüfungsleistung durch einen anderen Prüfer (neu) bewertet, bestünde zumindest die Gefahr, dass andere Bewertungsmaßstäbe angelegt würden und die Gleichbehandlung aller Prüfungsteilnehmer nicht mehr gewährleistet wäre.

---

61 Vgl. *Beckers*, IHK-Handbuch für Prüfer, hrsg. von der DIHK-Gesellschaft für berufliche Bildung, Bonn 2014, S. 50.
62 Vgl. *Lange/Löffelholz*, Neue Anforderungen des Bundesverwaltungsgerichtes an das Überdenkungsverfahren und an Prüfungsausschüsse, in: PrüfungsPraxis Nr. 52, o.O. (Bonn) 2014, S. 7 ff.

Eine Neubewertung kann nach verbreiteter (aber umstrittener) Auffassung i.d.R. keine Verschlechterung des Prüfungsergebnisses zur Folge haben.[63] Bei einem festgestellten Bewertungsfehler, der das Ergebnis negativ beeinflusst hat, ist eine Verschlechterung ausgeschlossen. Solange der Prüfer seine Bewertungsmaßstäbe nicht ändert, kann er aber auch sachliche Gründe nachschieben, die seine ursprüngliche Einschätzung rechtfertigen. Eine Verbesserung wird also durch eine Neubewertung nicht unbedingt erreicht.

Die IHK teilt das Ergebnis des Überprüfungsverfahrens dem Beschwerdeführer mit. Wenn der Widerspruch sich dadurch erledigt hat, kann er zurückgezogen werden. Wenn der Widerspruch zurückgewiesen wird, ist eine Klage vor dem Verwaltungsgericht möglich.

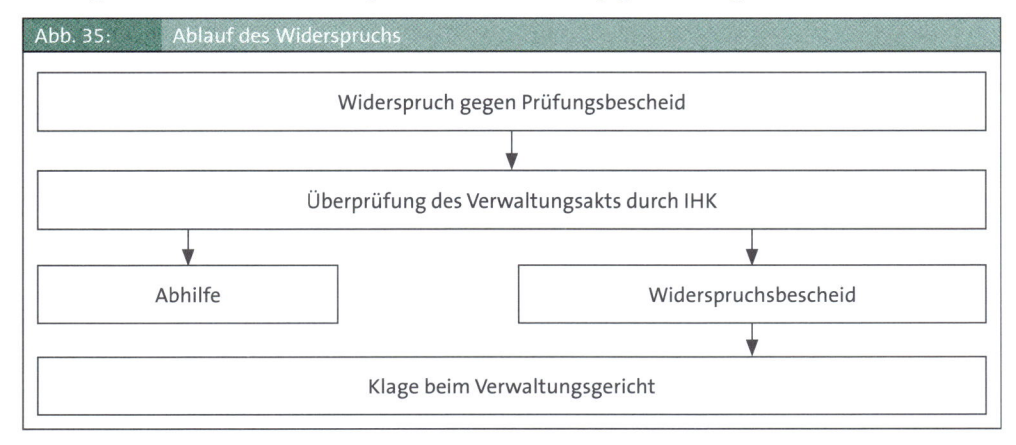

Abb. 35: Ablauf des Widerspruchs

Widerspruch gegen Prüfungsbescheid
↓
Überprüfung des Verwaltungsakts durch IHK
↓   ↓
Abhilfe   Widerspruchsbescheid
↓
Klage beim Verwaltungsgericht

Tz. 210

Die Richter kontrollieren, ob

▶ das Prüfungsrecht korrekt angewandt worden ist,
▶ vom richtigen Sachverhalt ausgegangen worden ist,
▶ die Bewertungsmaßstäbe beachtet worden sind,
▶ die Entscheidungen nicht von sachfremden Erwägungen beeinflusst worden sind.

Fachlich wird den Prüfern ein weiter Beurteilungsspielraum eingeräumt.[64]

Wenn Form- oder Bewertungsfehler Grund für eine Benachteiligung des Prüfungsteilnehmers sind, kann das Gericht die Prüfungsentscheidung aufheben.

Verwaltungsgericht

In aller Regel ist eine gerichtliche Anfechtung des Prüfungsergebnisses aussichtslos. Bewertungsspielräume sind Prüfungen immanent und führen – abgesehen von groben Verstößen – bei einer Überprüfung nicht zu Beanstandungen.

Lediglich bei formalen Verstößen (z.B. falscher Zusammensetzung des Prüfungsausschusses oder Rechenfehlern bei der Ermittlung der Punktzahl) besteht begründete Aussicht, dass die Prüfungsentscheidung aufgehoben wird. In diesem Fall wird aber i.d.R. bereits im Überdenkungsverfahren eine Änderung erfolgen.

Tz. 211

Eine Berufung vor dem Oberverwaltungsgericht und eine Revision beim Bundesverwaltungsgericht sind grundsätzlich möglich.

Berufung

---

63 *Löffelholz*, Das Verschlechterungsverbot bei der Neubewertung von Prüfungsleistungen, in: PrüfungsPraxis Nr. 48, o.O. (Bonn) 2012, S. 15 ff.
64 Vgl. *Bayer*, Was Verwaltungsrichter überprüfen können, in: Prüfer Nr. 2, hrsg. von der DIHK-Gesellschaft für berufliche Bildung, Bonn 2011.

VII. Beispiele

Im Folgenden wird anhand von typischen Beispielen gezeigt, wie die Bearbeitung für eine gelungene Präsentation aussehen kann. Beachten Sie dabei:

Tz. 212

Übernehmen Sie diese oder andere frei zugängliche Beispiele auf keinen Fall für Ihre eigene Präsentation. Das wäre ein Täuschungsversuch, der von der IHK im Interesse der Gleichbehandlung sanktioniert werden muss.[65]

Beispiele nicht übernehmen

Eigenständigkeitserklärung

Abb. 36: Beispiel der IHK Frankfurt am Main

Erklärung über das selbstständige Verfassen der Präsentation sowie der Auswahl des Themas als Prüfungsleistung

Gemäß § 6 der „Verordnung über die Prüfung zum anerkannten Abschluss Geprüfte/-r Bilanzbuchhalter/-in"

Ich versichere, dass ich die zur Prüfung vorliegende Präsentation selbstständig verfasst und keine anderen als die angegebenen Hilfsmittel benutzt habe. Alle Stellen, die dem Wortlaut oder dem Sinne nach anderen Texten entnommen sind, wurden unter Angabe der Quellen (einschließlich des World Wide Web und anderer elektronischer Text- und Datensammlungen) und nach den üblichen Regeln des wissenschaftlichen Zitierens nachgewiesen. Das gilt auch für Zeichnungen, bildliche Darstellungen, Skizzen, Tabellen und dergleichen.

Mir ist bewusst, dass wahrheitswidrige Angaben als Täuschungsversuch behandelt werden und dass bei einem Täuschungsverdacht sämtliche Verfahren der Plagiatserkennung angewandt werden können.

Ort, Datum   Unterschrift

Erfahrene Prüfer erkennen erstaunlich schnell, wenn die Präsentation übernommen worden ist. Spätestens, wenn ein Thema von unterschiedlichen Personen mehrfach vorgetragen wird, ist die Täuschung offensichtlich.

Das gilt ausdrücklich auch für den Austausch von Präsentationsthemen bei unterschiedlichen IHKs.

Tz. 213

Zu dem gewählten Thema stellt der Präsentationsvorschlag nur eine von vielen Lösungsmöglichkeiten dar. Andere (auch ganz andere) können genauso gut oder auch besser sein. Entscheidend ist, dass die mündliche Darstellung unterstützt wird.

nur eine von vielen Lösungsmöglichkeiten

Orientieren Sie sich nicht an einem Schema, sondern am Thema und an Ihren persönlichen Vorstellungen.

Tz. 214

Die Vorschläge gehen davon aus, dass die in der Prüfungssituation mögliche Methodenvielfalt sinnvoll genutzt werden soll, nämlich Beamer/Tageslichtprojektor, Flipchart und Handouts zur Unterstützung des Vortrags.

Tz. 215

Den Lösungen ist ggf. eine kurze Beschreibung der Rahmenbedingungen vorangestellt, auf die sich die Präsentation bezieht. Das ist zum Verständnis notwendig, wird aber in der Prüfung nur vorgetragen.

Tz. 216

Die Beispiele enthalten einen Vorschlag für Ihre persönlichen Aufzeichnungen, der hier als „Spickzettel" bezeichnet wird, einen Vorschlag für die Gestaltung von Beamer-/Overheadfolien und – falls sinnvoll – auch einen Vorschlag für den Einsatz eines Flipcharts und eines Handouts.

---

65 Vgl. dazu auch Tz. 204 ff.

VII. Beispiele

Tz. 217

Der „Spickzettel" ist für den Prüfungsausausschuss nicht sichtbar und nicht Teil der Präsentation. Er dient zur eigenen Orientierung. Stil und Aufbau müssen nicht irgendwelchen Ansprüchen entsprechen, sondern können so gestaltet werden, wie sie Ihnen am besten helfen. Zu Ihrer eigen Sicherheit können deshalb auch Hinweise zur Vorgehensweise angebracht werden. Sie hängen ab von persönlichen Vorlieben. Die Vorschläge sind deshalb als Anregungen für eigene Ideen zu verstehen.

> **TIPP** Die Vorschläge zur Animation beziehen sich auf die Nutzung von Microsoft PowerPoint mit einem Laptop. Bei Einsatz eines Apple MacBooks oder einer anderen Software sind die Bezeichnungen manchmal anders, es lassen sich aber die dieselben Effekte einstellen.

Beamer-/OHP-Folien Hauptmedium

Tz. 218

Die Beamer-/OHP-Folien stellen bei den Lösungsvorschlägen das hauptsächliche Medium für die Präsentation dar. OHP-Folien können selbstverständlich auch während des Vortrags ergänzt werden. Das geht einfach z. B. durch Unterstreichungen und farbige Markierungen. Bei Nutzung eines Beamers müssen alle Gestaltungselemente vorher platziert werden. Gegebenenfalls können sie dann „übersprungen" werden.

> **TIPP** In der Präsentationsansicht am Laptop kann in der Vorschauliste navigiert werden. Beim Apple MacBook ist die Vorschau nicht in allen Versionen verfügbar.

Tz. 219

> **HINWEIS** Die Beispiele für die unterstützenden Materialien (Spickzettel, Handout, Gliederung) sind bewusst unterschiedlich gehalten, um die verschiedenen Möglichkeiten zu zeigen. Die konkrete Umsetzung muss sich – neben dem Thema – nach den persönlichen Vorlieben, Notwendigkeiten und Möglichkeiten richten.

1. Analyse der Anlagenintensität

Tz. 220

Beispiel 1 „Die Hausbank der Rot GmbH sieht ein Problem in der hohen Anlagenintensität der Gesellschaft. Ich bin damit beauftragt, die Geschäftsleitung über die Aussagefähigkeit und mögliche Beeinflussungsmöglichkeiten der Kennzahl zu berichten."

> **HINWEIS** Wenn die IHK ausdrücklich ein theoretisches Thema wünscht, können Sie formulieren „Analyse der Anlagenintensität".

1.1 Vorüberlegungen

Tz. 221

▶ Die Aufgabenstellung muss in den Analysezusammenhang eingeordnet werden.

▶ Beispiele sorgen für eine interessante Darstellung.

▶ Die Formeln müssen gezeigt werden.

▶ Wichtig ist die Diskussion der Kennzahl, insbesondere ihre Höhe und ihre Veränderungen.

▶ Andere Kennzahlen zur Vermögensstruktur ergänzen die Anlagenintensität.

1.2 Gliederung

Tz. 222

1. Die Kennzahl „Anlagenintensität"
2. Analyse der Anlagenintensität
2.1 Formel
2.2 Vorteile einer hohen Anlagenintensität
2.3 Nachteile einer hohen Anlagenintensität
3. Andere Kennzahlen zur Vermögensstruktur
4. Zusammenfassung

Gliederung

Die Gliederung ist bewusst knapp gehalten. Sie lässt sich übersichtlich auf einem Flipchart präsentieren und bleibt dann für die Prüfer während der Präsentation sichtbar. Gleichzeitig ist die vorgesehene weitere Untergliederung nicht erkennbar und kann – abhängig von der zur Verfügung stehenden Zeit – gestrafft oder erweitert werden. Die Angaben der Gliederungsebenen auf den Folien zeigen trotzdem ein stimmiges Konzept und wirken wie ein roter Faden.

1.3 Handout

Tz. 223

Ein Handout ist nicht erforderlich. Die Formeln werden vorgestellt, aber es werden keine Berechnungen durchgeführt.

Handout

Um die sorgfältige Vorbereitung der Präsentation zu demonstrieren, kann den Prüfern trotzdem die Folie „Branchenunterschiede" während der Erläuterung (nicht vorher!) ausgeteilt werden.

1.4 Spickzettel

Tz. 224

Spickzettel

Folie			Min. kum.
1.	Begrüßung/Vorstellung	Zu Hause vorbereitet	1
2.	Einleitung	Horizontale und vertikale Bilanzanalyse	2
		Notwendigkeit trotz § 264 Abs. 2 Satz 1 HGB	
		Vermögensanalyse ist nur ein Ausschnitt, der ergänzt werden muss	
3./4.	Kennzahl	Formel erläutern	3
		Gesamtes AV oder nur SAV	
5.	Beurteilung		
		Aussagen nur sinnvoll bei gleichem UV: Evtl. Liquidität gesunken	4
	Gestaltungsmöglichkeiten	Leasing (hohe Risiken wegen Festlegung) Outsourcing	5
6.	Branchenunterschiede/Zielgröße Benchmarking	Beispiele	7
7./8.	Vorteile einer hohen Anlagenintensität		
		Technisch aktueller Stand	9
		Keine Ersatzinvestitionen/kein Kapitalbedarf	
		Geringe Reparaturen	
9.	Nachteile einer hohen Anlagenintensität		
		AV belastet das Unternehmen mit Abschreibungen, Zinsen usw.	11
		Hohe Fixkosten = wenig finanzielle Gestaltungsmöglichkeiten	
		Kapitalbindung = geringe Flexibilität bei Marktänderungen	
		Keine Anpassung bei Beschäftigungsänderung = höheres Risiko	
	Sinkende Anlagenintensität	Indiz für nachlassende Investitionsbereitschaft	12
		Änderung der Geschäftspolitik (Leasing)	
10.	Alternativen/Ergänzungen	Ergänzende Kennzahlen zur Vermögenslage: Anlagenabnutzungsgrad Abschreibungsquote Investitionsquote Vorratsintensität Sachanlagenbindung = Anlagevermögen / Umsatzerlöse	Umfang an Zeit anpassen
11.	Zusammenfassung		14
12.	Schluss	Zu Hause vorbereitet	15
	Zeit beachten!		

1.5 Folien

Tz. 225

1)   Präsentation

Animation: Bild im Hintergrund soll die Assoziation zu Maschinen schaffen.

2)

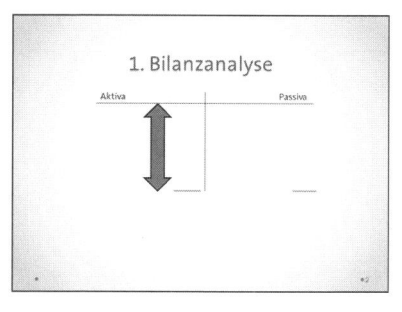

Animation: Bilanzschema z. B. „Auflösen". Erst wenn über die Aktivseite gesprochen wird: Pfeil z. B. „Zoom".

Stichwörter: Abgrenzung zur horizontalen Analyse (Finanzlage) und zu Kennzahlen zur Ertragslage.

3)

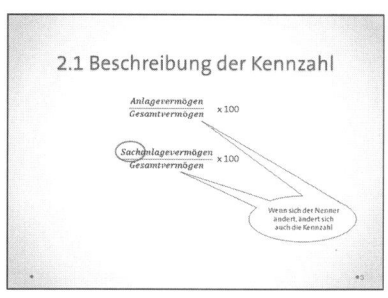

Animation:
1. Formel einführen
2. Formel als Variante
3. Mit Kreis Unterschied hervorheben
4. Erläuterung durch Legende (zwei übereinander)

Stichwörter: Auswahl der Formel wird vom Erkenntnisinteresse bestimmt.

4)

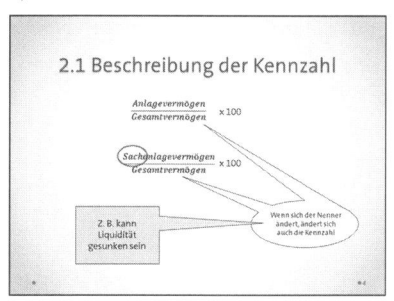

Animation: Vorige Formel beibehalten. Nur zusätzliche Legende, z. B. „Einfliegen von links".

Stichwörter: Zähler und Nenner beeinflussen den Wert des Bruchs.

5)

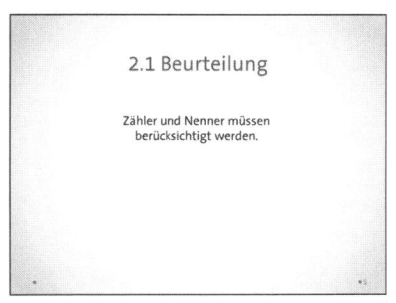

Stichwörter: Verdeutlichung und Wiederholung

VII. Beispiele

6)

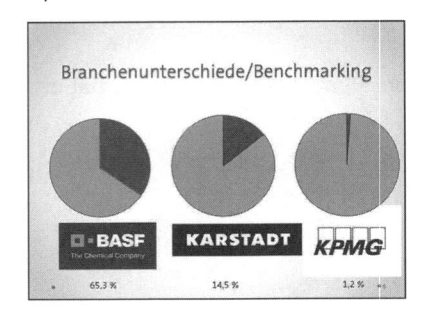

Animation:	Beispiele nacheinander aufdecken. Grafiken und Logos wirken interessant und lockern auf. Für Präsentation sehr geeignet.
Stichwörter:	Ausführliche Erklärung wegen Zeit.

7)

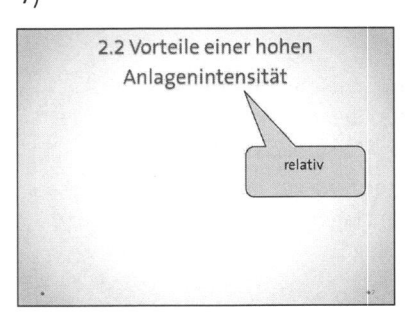

Animation:	Legende spektakulär einfügen, z. B. „Spirale".
Stichwörter:	Klaren Bezug zur vorherigen Folie herstellen.

8)

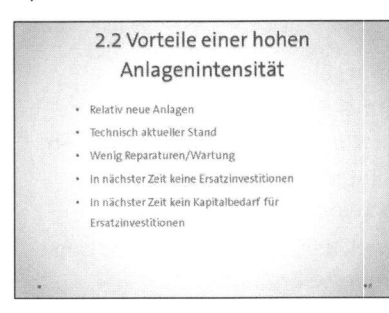

Animation:	Argumente nach und nach aufdecken, z. B. „Einfliegen von links".
Stichwörter:	Zeit prüfen! Umfang der Erläuterungen entsprechend anpassen.

9)

Animation:	Argumente nach und nach aufdecken. Animation wie bei der vorherigen Folie.
Stichwörter:	Zeit prüfen! Umfang der Erläuterungen entsprechend anpassen.

10)

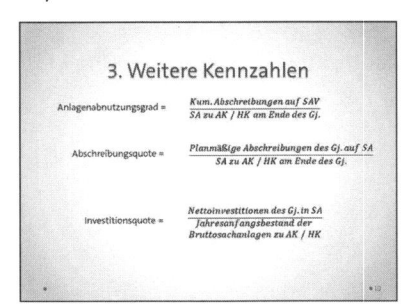

Animation:	Formeln erst aufdecken, wenn sie angesprochen werden, z. B. „Auflösen".
Stichwörter:	Nur erläutern, wenn die Zeit ausreicht!

11)

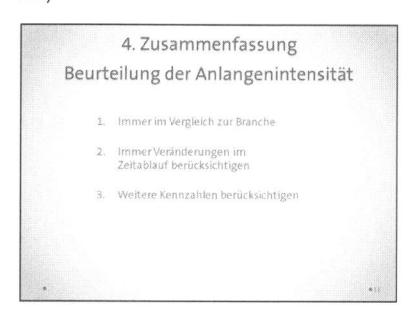

Animation:	Nacheinander aufdecken, z. B. „Auflösen".
Stichwörter:	Letzte Möglichkeit, die Zeit anzupassen.

Folie: 4. Zusammenfassung – Beurteilung der Anlangenintensität
1. Immer im Vergleich zur Branche
2. Immer Veränderungen im Zeitablauf berücksichtigen
3. Weitere Kennzahlen berücksichtigen

12)

Animation:	Durch spektakuläre Animation kann auch optisch ein Schlusspunkt gesetzt werden.
Stichwörter:	Schlussformulierung (zu Hause vorbereitet)

Folie: Danke für Ihre Aufmerksamkeit

1.6 Kommentar

Tz. 226

Die Folien sollten – trotz des einheitlich wirkenden Layouts – möglichst abwechslungsreich gestaltet sein, damit eine monotone Wirkung vermieden wird. Vorschläge dazu sind die Folien zur vertikalen Bilanzanalyse, zu den Branchenunterschieden und auch die Erläuterungen und Hervorhebungen bei der Einführung der Formel. Ein einheitlicher Hintergrund (der auch ganz anders gestaltet sein kann als in diesem Vorschlag) verbindet optisch die Folien der gesamten Präsentation.

Anmerkungen

Vorteile:

▶ Der Inhalt der Präsentation und damit die Gliederung sind praktisch vorgegeben.

▶ Viele Möglichkeiten, den Folienhintergrund zu gestalten. Im Beispiel wird ein (neu eingefärbtes und vergrößertes) Clipart verwendet.

▶ Durch zwei „Zeitpuffer" (Beispiele der Branchenunterschiede und weitere Kennzahlen) kann auch während der Präsentation die Zeit leicht angepasst werden.

Nachteile:

▶ Bei dem vergleichsweise einfachen Thema erwarten die Prüfer eine tiefgehende und überzeugende Darstellung.

▶ Das Thema bietet unterschiedliche und deshalb schwer prognostizierbare Anknüpfungspunkte für Anschlussfragen.

1.7 Mögliche Anschlussfragen

Tz. 227

▶ Welche Kennzahlen der vertikalen Bilanzanalyse auf der Passivseite kennen Sie?

▶ Eine hohe Kapitalbindung und die damit verbundenen Fixkosten bei unterschiedlicher Kapazitätsauslastung sind auch in der Kostenrechnung ein Thema. Wie nennt man dort diese Problematik?

FRAGEN

VII. Beispiele

▶ Könnte die Kennzahl Anlagenintensität auch durch Factoring beeinflusst werden?
▶ Sie sagten, dass die Analgenintensität durch Leasing geringer wird. Können Sie das am Beispiel des Operating Leasing erklären?
▶ Welche Besonderheit ist bei Finanzanlagen zu beachten, die einen Einfluss auf die Anlagenintensität haben kann?

1.8 Weitere Anknüpfungspunkte

Tz. 228

▶ Ansatz- und Bewertungsvorschriften bei immateriellen Vermögensgegenständen
▶ Gestaltungsmöglichkeiten der Analgenintensität
▶ Einfluss von Bewertungsvereinfachungsverfahren
▶ Abweichung der Kennzahl bei Rechnungslegung nach IFRS

2. Bilanzpolitik

2.1 Rahmenbedingungen

Tz. 229

Beispiel 2 „Die Presse spekuliert über Bilanzmanipulationen bei der Blau AG. Ich bin beauftragt, auf einer dazu einberufenen Pressekonferenz anhand der Bilanz zu erläutern, welche legalen Möglichkeiten der Bilanzpolitik für die Blau AG bestehen."

2. Bilanzpolitik

Abb. 37: Bilanz der Blau AG

A. Anlagevermögen						A. Eigenkapital				
	I. Immaterielle Vermögensgegenstände						I. Gezeichnetes Kapital		788	
		1. Selbst geschaffene Patente		40			II. Kapitalrücklage		80	
		2. Firmenwert		80			III. Gewinnrücklage		320	
	II. Sachanlagen						IV. Bilanzgewinn		202	
		1. Grundstücke und Bauten		960						1390
		2. Technische Anlagen und Maschinen		400		B. Rückstellungen				
		3. Betriebs- und Geschäftsausstattung		120			1. Rückstellungen für Pensionen		320	
	III. Finanzanlagen						2. Steuerrückstellungen		100	
		1. Anteile an verbundenen Unternehmen		80			3. Sonstige Rückstellungen		198	
		2. Beteiligungen		120						618
		3. Wertpapiere des AV		40		C. Verbindlichkeiten				
					1840		1. gegenüber Kreditinstituten		584	
B. Umlaufvermögen							2. Erhaltene Anzahlungen auf Bestellungen		60	
	I. Vorräte						3. aus Lieferungen und Leistungen		320	
		1. RHB		40			4. Sonstige Verbindlichkeiten		280	
		2. Fertige Erzeugnisse		120						1244
	II. Forderungen und sonstige Vermögensgegenstände					D. RAP				8
		1. Forderungen aus Lieferungen und Leistungen		832						
		3. Sonstige Vermögensgegenstände		208						
	III. Kasse, Bank			160						
					1360					
C. RAP					40					
	davon Disagio		24							
D. Aktive latente Steuern					15					
E. Aktiver Unterschiedsbetrag aus der Vermögensverrechnung					5					
					3260					3260

VII. Beispiele

> **HINWEIS**
> Dieses Thema ist streng handlungsorientiert, der eindeutige und umfangreiche Auftrag des Vorstands der Blau AG muss vollständig bearbeitet werden. Erforderlich sind Hinweise und Stellungnahmen zu möglichst allen Bilanzpositionen, für die legale Gestaltungsmöglichkeiten bestehen.

2.2 Vorüberlegungen

Tz. 230

- ▶ Es muss (immer wieder) deutlich Bezug genommen werden auf die Bilanz der Blau AG.
- ▶ Damit die Prüfer die Ausführungen nachvollziehen können, ist ein Handout (mit der Bilanz) ausgesprochen sinnvoll.
- ▶ Die begrenzte Zeit stellt ein Problem dar: Wenn alle relevanten Bilanzpositionen angesprochen werden, ist jeweils nur eine kurze Diskussion der Gestaltungsalternativen möglich.
- ▶ Die Präsentation kann leicht gleichförmig und monoton wirken, deshalb sollten Sie sich um Auflockerungen bemühen.

2.3 Handout

Tz. 231

Handout — Den Prüfern sollte die Bilanz (wie oben) und die Aufgabenstellung als Tischvorlage zur Verfügung gestellt werden.

2.4 Gliederung

Tz. 232

Gliederung

1.	Einleitung
1.1	Ziele der Bilanzpolitik
1.2	Grenzen der Bilanzpolitik
2.	Aktivseite
2.1	Anlagevermögen
2.1.1	Immaterielle Vermögensgegenstände
2.1.2	Technische Anlagen
2.2	Umlaufvermögen
2.2.1	RHB
2.2.2	Fertige Erzeugnisse
2.3	Andere Positionen
2.3.1	Disagio
2.3.2	aktive latente Steuern
3.	Passivseite
3.1	Rückstellungen
3.2	Verbindlichkeiten
4.	Zusammenfassung

2.5 Spickzettel
Tz. 233

		Stichwörter	Min.
1.	Einleitung	Persönliche Vorstellung!	2
1.1	Ziele der Bilanzpolitik		
1.2	Grenzen der Bilanzpolitik	Zuletzt Einschränkungen durch BilMoG und BilRUG	3
2.	Aktivseite		
2.1	Anlagevermögen		
2.1.1	Immaterielle Vermögensgegenstände	Wahlrecht bei selbst geschaffenem GoF Wahlrecht bei selbst geschaffenen immateriellen VG	5
2.1.2	Technische Anlagen	Gestaltung durch Leasing	6
2.2	Umlaufvermögen		
2.2.1	RHB	Bewertungsvereinfachungsverfahren (Fifo/Lifo)	7
2.2.2	Fertige Erzeugnisse	Wahlrechte bei Herstellungskosten	8
2.3	Andere Positionen		
2.3.1	Disagio	Aktivierungswahlrecht	9
2.3.2	aktive latente Steuern	Aktivierungswahlrecht	10
3.	Passivseite		
3.1	Eigenkapital	Thesaurierung Kapitalerhöhung aus Gesellschaftsmitteln	11
3.2	Rückstellungen	Erfüllungsbetrag enthält Kosten- und Preissteigerungen Unterschied zu StB Abzinsung bei Laufzeit > 1 Jahr Beispiel: VW	13
3.3	Verbindlichkeiten	Höchstwertprinzip Umschichtungen	14
4.	Zusammenfassung		
		Dank für Aufmerksamkeit nicht vergessen!	15

Spickzettel

VII. Beispiele

2.6 Folien
Tz. 234

Präsentation 1)

[Folie: Möglichkeiten der Bilanzgestaltung bei der Blau AG]

Hinweise: Erst nach der persönlichen Vorstellung zeigen.

2)

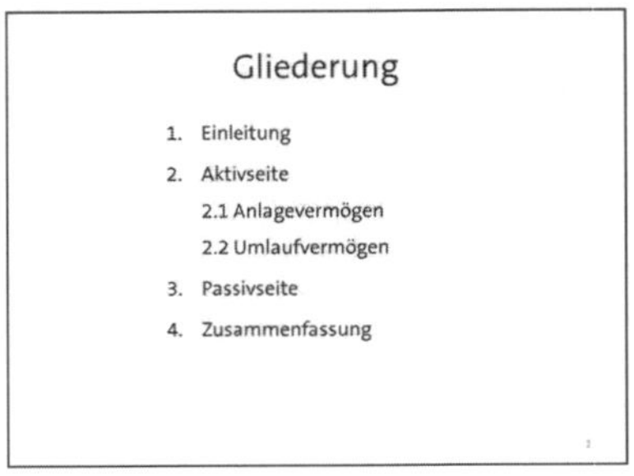

[Folie: Gliederung
1. Einleitung
2. Aktivseite
   2.1 Anlagevermögen
   2.2 Umlaufvermögen
3. Passivseite
4. Zusammenfassung]

Animation: Gliederungspunkte nach und nach aufdecken, z. B. „Erscheinen" oder „Einfliegen von …".

Hinweise: Bei der Erläuterung der Gliederung muss das Gesamtkonzept deutlich werden.

3)

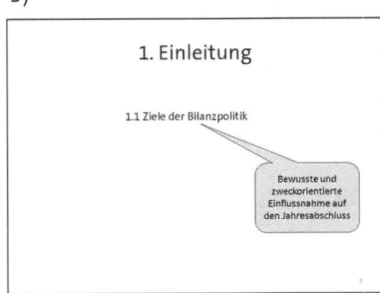

[Folie: 1. Einleitung – 1.1 Ziele der Bilanzpolitik – Bewusste und zweckorientierte Einflussnahme auf den Jahresabschluss]

Animation: Alle Legenden mit derselben Animation z. B. „Spirale". Dadurch Einheitlichkeit und hoher Aufmerksamkeitseffekt.

Stichwörter: Auf Blau AG Bezug nehmen. Interessen der Adressaten berücksichtigen, z. B. Höhe der Ausschüttungen, progressive vs. konservative Bilanzpolitik.

Hinweise: Die Zuordnung wird durch die Gliederungspunkte verständlich.

4)

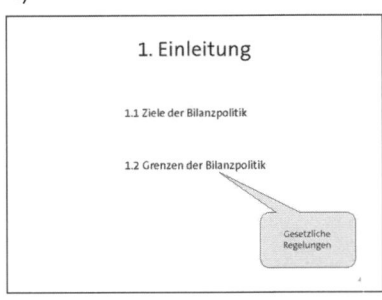

[Folie: 1. Einleitung – 1.1 Ziele der Bilanzpolitik – 1.2 Grenzen der Bilanzpolitik – Gesetzliche Regelungen]

Animation: Wirkt wie Ergänzung der vorigen Folie.

Stichwörter: Handelsrecht, Steuerrecht

Hinweise: Prinzipielle Darstellung, Zahl der Beispiele begrenzen.

5)

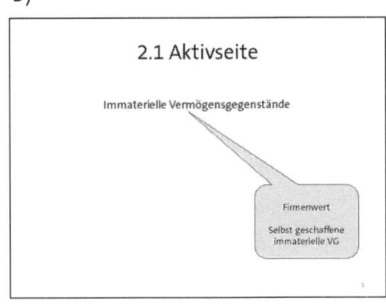

[Folie: 2.1 Aktivseite – Immaterielle Vermögensgegenstände – Firmenwert, Selbst geschaffene immaterielle VG]

Animation: Textzeile z. B. „Einfliegen von …", Legende z. B. „Spirale".

Stichwörter: Behandlung Firmenwert, selbst geschaffene/entgeltlich erworbene VG.

Hinweise: Neue Regelung nach BilRUG beachten. Auf Blau AG eingehen.

2. Bilanzpolitik

6)

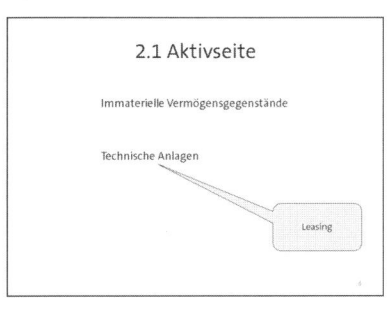

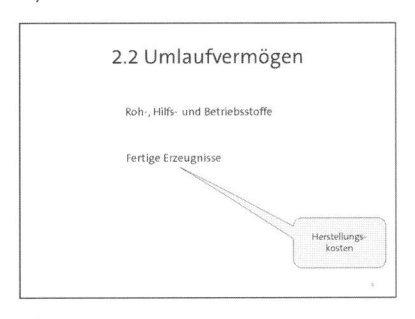

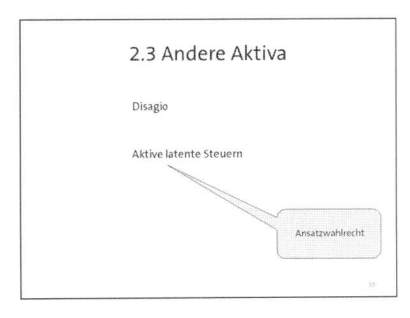

[Folie: 2.1 Aktivseite – Immaterielle Vermögensgegenstände, Technische Anlagen → Leasing]

Animation:	Wirkt wie Ergänzung der vorigen Folie. Identische Animation anwenden.
Stichwörter:	Beeinflussung durch Abschreibungen und Leasing/Outsourcing.

7)

[Folie: 2.2 Umlaufvermögen – Roh-, Hilfs- und Betriebsstoffe → Bewertungsvereinfachungsverfahren]

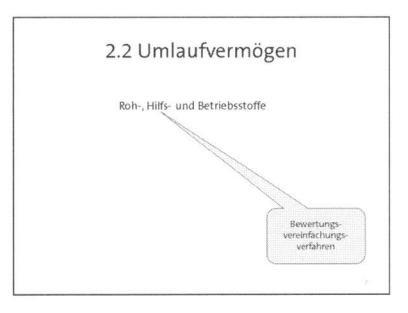

Animation:	Identische Animation wie bei Folie 5 anwenden.
Stichwörter:	Annahmen über die Preisentwicklung erforderlich.
Hinweise:	Umfang der Darstellung prüfen und anpassen. Zeitpuffer, um die 15 Minuten Präsentationszeit zu erreichen.

8)

[Folie: 2.2 Umlaufvermögen – Roh-, Hilfs- und Betriebsstoffe, Fertige Erzeugnisse → Herstellungskosten]

Animation:	Wirkt wie Ergänzung der vorigen Folie. Identische Animation anwenden.
Stichwörter:	Wahlrechte bei Herstellungskosten ausnutzen.

9)

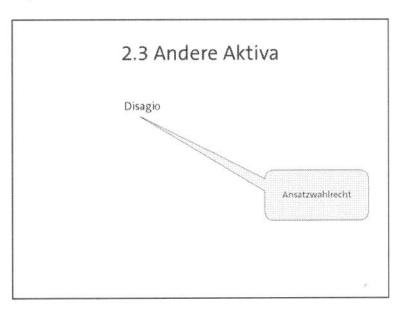

[Folie: 2.3 Andere Aktiva – Disagio → Ansatzwahlrecht]

Animation:	Disagio = bwl. vorweggenommener Zinsaufwand. Alternativ direkt Erfassung als Aufwand in der GuV.
Hinweise:	Bis hier müssen ca. 10 Minuten gefüllt sein.

10)

[Folie: 2.3 Andere Aktiva – Disagio, Aktive latente Steuern → Ansatzwahlrecht]

Animation:	Wirkt wie Ergänzung der vorigen Folie. Identische Animation anwenden.
Stichwörter:	Kurze Definition/Erklärung. Situation der Blau AG ansprechen.

VII. Beispiele

11)

[Folie: 3. Passivseite – Rückstellungen – Erwartete Kosten- und Preissteigerung]

Stichwörter: Ansatzpflicht, aber Annahmen über zukünftige Entwicklungen erforderlich.
Hinweise: Unterschiede zur StB ansprechen, wenn genügend Zeit.

12)

[Folie: 3. Passivseite – Rückstellungen – Verbindlichkeiten – Höchstwertprinzip]

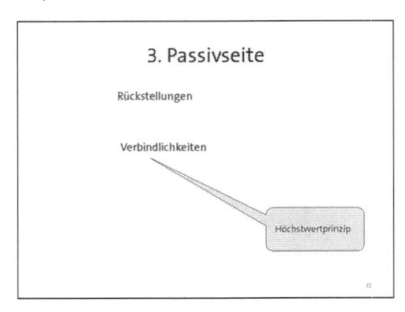

Animation: Wirkt wie Ergänzung der vorigen Folie.

13)

[Folie: Zusammenfassung]

Höhere Bewertung Passivposten	gewinnmindernd
Kurze Nutzungsdauer VG	gewinnmindernd
Degressive statt lineare Abschreibung	gewinnmindernd
Höhere Einzelwertberichtigungen	gewinnmindernd
Höhere Rückstellungen	gewinnmindernd

Animation: Zeilenweise aufdecken, z. B. „Erscheinen" oder „Einfliegen von …".
Stichwörter: Bezug zur Blau AG herstellen, Aufgabenstellung abrunden.
Hinweise: Danach Abschluss der Präsentation, Dank an den Prüfungsausschuss.

2.7 Kommentar

Tz. 235

Anmerkungen Das Thema behandelt zwar Grundlagen der Bilanzanalyse, ist aber durchaus anspruchsvoll, weil (spätestens im Fachgespräch) jede Bilanzposition diskutiert werden kann.

Vorteile:

▶ Es kann nicht der Eindruck entstehen, ein besonders einfaches Thema gewählt zu haben.
▶ Der Inhalt ist umfangreich, die 15 Minuten Präsentationszeit lassen sich gut ausfüllen.
▶ Obwohl technisch viele Folien erstellt werden, entsteht durch die einheitliche Gestaltung nicht das Gefühl der Überfrachtung.
▶ Die vorgeschlagenen Legenden („Sprechblasen") geben jeweils einen Hinweis auf den Inhalt der Kommentare.

Nachteile:

▶ Anschlussfragen können sich auf die gesamte Bilanzanalyse beziehen, eine Eingrenzung ist nicht möglich.
▶ Auf die Ausgangssituation (Pressekonferenz der Blau AG) muss immer wieder eingegangen werden.
▶ Die Vorgehensweise ist schematisch, bei der Präsentation können kaum Highlights gesetzt werden.
▶ Das Thema ist ungeeignet, wenn eine lockere Vortragsweise (z. B. wegen geringer Erfahrung oder übergroßer Nervosität) nicht möglich ist.

2.8 Mögliche Anschlussfragen

Tz. 236

Zu erwarten sind insbesondere Fragen zu abweichenden Regelungen bei Handels- und Steuerbilanz, z. B.:

▶ Wie hoch ist die Nutzungsdauer eines aktivierten Firmenwerts?

Handelsrechtlich i. d. R. zehn Jahre, steuerrechtlich 15 Jahre.

▶ Nach welchen Methoden erfolgt die Abschreibung eines aktivierten Disagios?

Fälligkeitsdarlehen werden linear, Tilgungsdarlehen werden digital (Zinsstaffelmethode) abgeschrieben.

▶ Wie werden Rückstellungen steuerlich behandelt?

Steuerlich werden bei Rückstellungen Preis- und Kostensteigerungen nicht berücksichtigt (§ 6 Abs. 1 Nr. 3a Buchst. f EStG). Sie werden mit einem Zinssatz von 5,5 % abgezinst (§ 6 Abs. 1 Nr. 3a Buchst. e EStG). Passivierungsverbot für Drohverlustrückstellungen (§ 5 Abs. 2a bis 4b EStG).

2.9 Weitere Anknüpfungspunkte

Tz. 237

▶ Einflüsse auf die Bilanz durch sachverhaltsgestaltende Maßnahmen

▶ Ansatz- und Bewertungsvorschriften bei Rechnungslegung nach IFRS

3. Beurteilung der Liquidität mit Kennziffern

Tz. 238

„Der Finanzvorstand der Gelb AG befürchtet, dass die Liquidität zu niedrig ist. Er hat mich beauftragt, die Möglichkeiten der Liquiditätsmessung und -verbesserung darzustellen."

Beispiel 3

Das Thema eignet sich für eine kritische Auseinandersetzung mit den Kennzahlen. Teilnehmer können individuelle Schwerpunkte setzen. Auf eine überzeugende Visualisierung muss besonderer Wert gelegt werden.

Wenn die IHK ein theoretisches Thema erwartet, können Sie z. B. formulieren „Kritische Darstellung der Liquiditätskennziffern".

3.1 Vorüberlegungen

Tz. 239

▶ Die Visualisierung kann mit Laptop/Beamer sehr gut gelingen.

▶ Die Gliederung ist festgelegt, Abweichungen während der Darstellung sind nicht zu erwarten.

▶ Ein Handout ist nicht erforderlich, weil keine Zahlen präsent sein müssen.

▶ Ein Spickzettel ist sinnvoll, weil er nicht nur Sicherheit gibt, sondern auch das Einhalten das Zeitplans und der Gliederung erleichtert.

3.2 Gliederung

Tz. 240

Gliederung — Als einfach strukturierte und deshalb überzeugende Gliederung zur Beurteilung der Liquidität mit Kennziffern bietet sich an:

1.	Liquidität
1.1	Definition
1.2	Bedeutung
2.	Liquiditätskennziffern
2.1	Statische Liquiditätskennziffern
2.1.1	Liquiditätsgrade
2.1.2	Kritik an den statischen Liquiditätskennziffern
2.2	Alternative Liquiditätskennziffern
2.2.1	Working Capital
2.2.2	Finanzplan
2.2.3	Cashflow
2.2.4	Kapitalflussrechnung
3.	Maßnahmen zur Verbesserung der Liquidität
3.1	Forderungsmanagement
3.2	Ausnutzen von Zahlungszielen
3.3	Factoring
4.	Zusammenfassung

Bei diesem Thema erscheint eine tiefere Gliederung als in drei Ebenen nicht angebracht. Die möglichen Inhalte würden die weitere Untergliederung nicht rechtfertigen. Außerdem können die einzelnen Gliederungspunkte flexibel mehr oder weniger ausführlich umgesetzt werden, um die Präsentationszeit von 15 Minuten möglichst genau zu erreichen.

Die Gliederung muss der Präsentation vorangestellt werden. Dazu kann entweder ein Flipchart genutzt oder eine Folie mit dem Beamer gezeigt werden. Weil hier das Thema wenige Abweichungen nahelegt, bietet sich an, die Gliederung mit dem Flipchart für die Prüfer dauerhaft sichtbar zu machen. Damit wird nicht nur der rote Faden ständig erkennbar, es entsteht auch ein weiterer Kommunikationskanal, was bei der Beurteilung der Präsentation berücksichtigt wird.

3.3 Spickzettel

Tz. 241

Weil bei der Präsentation keine besonderen fachlichen Probleme zu erwarten sind, sichert der Spickzettel die Einhaltung des roten Fadens und dient der Zeitkontrolle. Die Spalte „Minuten kumuliert" wird individuell an den geplanten Umfang der vorgesehenen Darstellungen angepasst.

Spickzettel

		Uhr aufstellen!!			Min. kum.
1.	Einleitung		Folie 1	Vorbereiteter Text	1
1.1	Definition Liquidität	Abgrenzung Bonität	Folien 2 u. 3		
1.2	Bedeutung Liquidität				2
1.3	Horizontale Bilanzkennziffern	Fristenkongruenz Deckungsgrade		Gegensatz vertikale	3
2.	Liquiditätskennziffern				
2.1	Statische Liquiditätskennziffern				
2.1.1	Liquiditätsgrade				
	Liquidität 1. Grades	Mittel 1., 2., 3. Grades erklären	Folie 4	Nur die Formeln aufdecken, über die gesprochen wird	
	Liquidität 2. Grades	Unterschiede verdeutlichen			
	Liquidität 3. Grades	Zielgrößen nennen			
					6
2.1.2	Kritik an den Liquiditätskennziffern				
	Stichtagbezogenheit	Hinweis Verbindlichkeitenspiegel	Folien 5 u. 6		
	Nenner zeitraumbezogen				
	Vergangenheitsorientiert	2-fach: Zahlen aus der Vergangenheit Veröffentlichung später			
	Kreditlinie unbekannt	Leichte Manipulierbarkeit			
	Wichtige Größen sind unbekannt	Je nach Zeit nennen oder erläutern			
					8
2.2	Alternative Liquiditätskennziffern		Folien 7 u. 8		
2.2.1	Working Capital	Zeit kontrollieren!	Folie 9		
2.2.2	Finanzplan		Folie 10		
2.2.3	Cashflow		Folie 11 u. 12		
			Folie 13	Notausgang wg. Zeit!!!	
2.2.4	Kapitalflussrechnung		Folien 14–16		
3.	Maßnahmen zur Verbesserung der Liquidität				
3.1	Forderungsmanagement	Umfang an Zeit ausrichten	Folie 17		
3.2	Ausnutzung von Zahlungszielen				
3.3	Factoring				
		13 Minuten?			13
4.	Abschluss		Folie 18		
4.1	Zusammenfassung			Zeit ausgenutzt?	
4.2	Dank für Aufmerksamkeit		Folie 19	Stehen lassen, bis Fachgespräch beginnt	15

VII. Beispiele

3.4 Folien

Tz. 242

Präsentation

1)

[Folie: BEURTEILUNG DER LIQUIDITÄT]	**Animation:** Projektion erst einschalten mit Beginn der Präsentation. **Stichwörter:** Persönliche Vorstellung, Name, Berufliche Tätigkeit, Ziele der Fortbildung. **Hinweise:** Ein auffälliger Hintergrund soll neugierig machen.

2)

[Folie: Liquidität — Fähigkeit und Bereitschaft, bestehenden Zahlungsverpflichtungen zum vereinbarten Termin in voller Höhe nachzukommen]	**Animation:** Text „Verblassen"

3)

[Folie: Liquidität — Fähigkeit und Bereitschaft, bestehenden Zahlungsverpflichtungen zum <u>vereinbarten Termin</u> in <u>voller Höhe</u> nachzukommen]	**Animation:** Keine Animation, die Wiederholung mit (eventuell farblichen) Hervorhebungen wirkt ausreichend. **Stichwörter:** Hinweis auf die entscheidenden Elemente der Definition. **Hinweise:** Die beiden wichtigen Elemente werden hervorgehoben.

4)

[Folie: Statische Liquiditätskennziffern Liquidität 1. Grades = $\frac{liquide\ Mittel}{kurzfristige\ Verbindlichkeiten} \times 100$ Liquidität 2. Grades = $\frac{liquide\ Mittel + Forderungen}{kurzfristige\ Verbindlichkeiten} \times 100$ Liquidität 3. Grades = $\frac{liquide\ Mittel + Forderungen + Vorräte}{kurzfristige\ Verbindlichkeiten} \times 100$]	**Animation:** Hier wurde die Folie „Nur Titel" verwendet. Formeln auf keinen Fall gleichzeitig, sondern nacheinander zeigen, z. B. „Auflösen" oder „Einfliegen von links". **Stichwörter:** Zähler in der Formel „Liquidität 3. Grades" entspricht dem UV. Die „Liquidität 3. Grades" wird auch mit der Formel. UV/kurz- und mittelfristige Verbindlichkeiten ermittelt. **Hinweise:** Es dürfen nur die Elemente der Folie zu sehen sein, über die auch gesprochen wird. Andernfalls wird jeder erste einmal die Folien insgesamt lesen und nicht zuhören.

3. Beurteilung der Liquidität mit Kennziffern

5)

[Folie: Kritik an den statischen Liquiditätskennziffern • Die Zahlen sind veraltet. • Der Zähler ist stichtagsbezogen, der Nenner dagegen zeitraumbezogen. • Wichtige Informationen fehlen.]	**Animation:**	Überschrift sofort „Auflösen". Kritikpunkte unbedingt einzeln nacheinander zeigen.
	Stichwörter:	Die Kritikpunkte müssen ausführlich erläutert werden.
	Hinweise:	Hier entscheidet sich die Beurteilung des ersten Teils. Bezug zum Problem der Gelb AG herstellen.

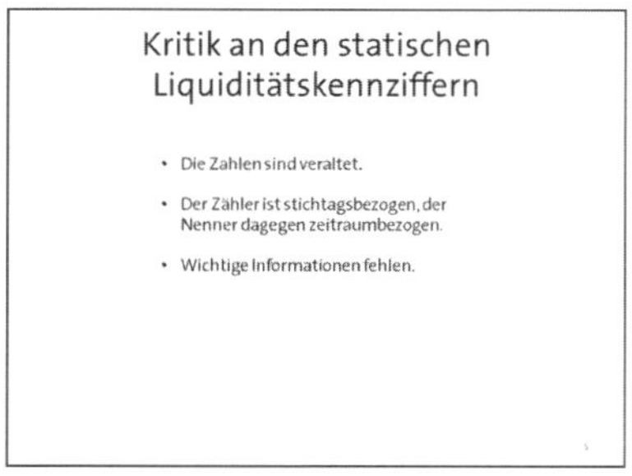

6)

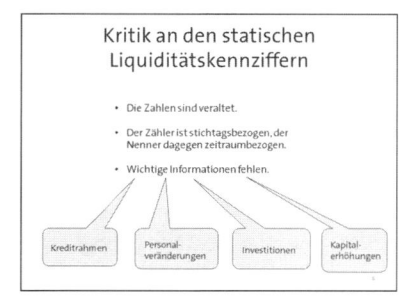

[Folie: Kritik an den statischen Liquiditätskennziffern • Die Zahlen sind veraltet. • Der Zähler ist stichtagsbezogen, der Nenner dagegen zeitraumbezogen. • Wichtige Informationen fehlen. Legenden: Kreditrahmen, Personalveränderungen, Investitionen, Kapitalerhöhungen]	**Animation:**	Eine bestehende Folie wird interessant ergänzt. Animation der Legenden, z. B. „Spirale".
	Stichwörter:	Stichwörter in den Legenden müssen ausführlich erläutert werden.
	Hinweise:	Legenden unbedingt nacheinander sichtbar machen.

7)

[Folie: Alternativen ?]	**Animation:**	Hier muss eine eindrucksvolle Folie den zweiten Teil einleiten: Hintergrund, Farben, Symbole sollen Aufmerksamkeit wecken und neugierig machen.
	Stichwörter:	Bezug zum Problem der Gelb AG
	Hinweise:	Viele unterschiedliche Gestaltungen der Folie möglich und sinnvoll.

8)

[Folie: Alternativen • Working Capital • Finanzplan • Cashflow • Kapitalflussrechnung]	**Animation:**	Der Inhalt der vorigen Folie vermittelt einen logischen Übergang. Die fünf Alternativen unbedingt einzeln zeigen, z. B. „Verblassen".
	Stichwörter:	Nur Nennung und Hinweis, dass die Alternativen anschließend dargestellt werden.
	Hinweise:	Zeit kontrollieren. Von der verbleibenden Zeit sollen je ca. 20 % auf die fünf Alternativen entfallen. Erkenntnisgewinn der Gelb AG herausstellen. Eine ausführliche Beschreibung der folgenden Alternativen ist nicht notwendig und kann nicht geleistet werden. Es muss aber deutlich werden, worin die Vorteile gegenüber den statischen Liquiditätskennziffern liegen.

VII. Beispiele

9)

[Folie: Working Capital – Darstellung mit Umlaufvermögen, kurzfristige Verbindlichkeiten, Working Capital]

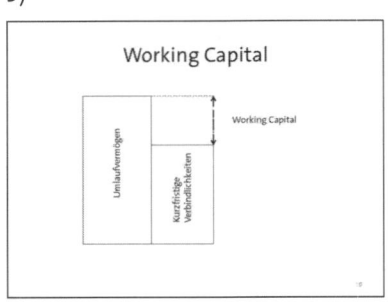

Animation:	Balken nacheinander einzeln aufbauen, z. B. „Wischen von unten". Working Capital z. B. „Verblassen".
Stichwörter:	Zuerst Definition, dann erklären: Aussage, in welchem Umfang leicht liquidierbare Vermögensgegenstände zur freien Disposition zur Verfügung stehen.
Hinweise:	Zeit beachten! Die Grafik ist ein neues Element, das weckt Interesse und Neugier.

10)

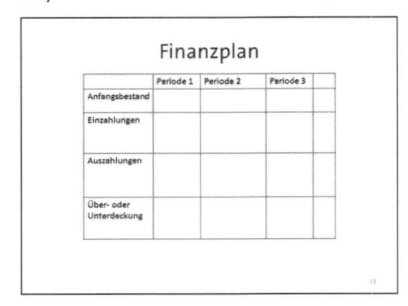

[Folie: Finanzplan – Tabelle mit Periode 1, Periode 2, Periode 3; Zeilen: Anfangsbestand, Einzahlungen, Auszahlungen, Über- oder Unterdeckung]

Animation:	Unruhe vermeiden, zurückhaltende Animation
Stichwörter:	Bezieht sich auf zukünftige Ein- und Auszahlungen. Auch "Kapitalbedarfsrechnung", Zeithorizont sehr unterschiedlich, negative Bestände möglich (Plan).
Hinweise:	Erst erläutern, damit die Folie als Beispiel verstanden wird.

11)

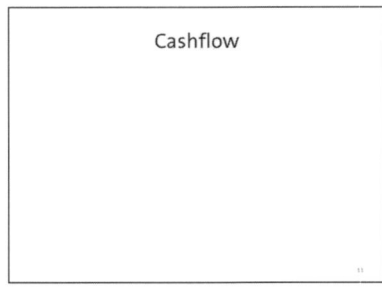

[Folie: Cashflow]

Animation:	Nur Definition
Stichwörter:	Kennzahl zur Finanz- und Ertragslage. Aussage zur Finanzierungsmöglichkeit aus eigener Kraft.
Hinweise:	Direkte und indirekte Berechnung erwähnen.

12)

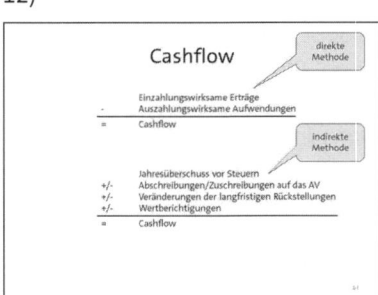

[Folie: Cashflow – direkte Methode und indirekte Methode. Einzahlungswirksame Erträge − Auszahlungswirksame Aufwendungen = Cashflow. Jahresüberschuss vor Steuern +/− Abschreibungen/Zuschreibungen auf das AV +/− Veränderungen der langfristigen Rückstellungen +/− Wertberichtigungen = Cashflow]

Animation:	Indirekte Methode erst aufdecken, wenn die direkte abschließend besprochen ist. Legenden erst sichtbar machen, wenn über die Methoden gesprochen wird, z. B. „Spirale"
Stichwörter:	Problem direkte Ermittlung: Zahlen sind Externen nicht bekannt. Weitere Verfeinerung der indirekten Methode möglich und sinnvoll, wenn die Zahlen zur Verfügung stehen.

13)

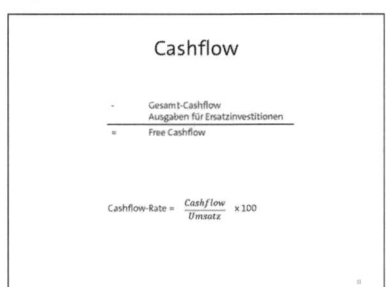

[Folie: Cashflow – Gesamt-Cashflow − Ausgaben für Ersatzinvestitionen = Free Cashflow. Cashflow-Rate = $\frac{Cashflow}{Umsatz} \times 100$]

Animation:	In zwei Stufen: Erst während der Erklärung zeigen, z. B. „Auflösen".
Hinweise:	Nur „Notausgang". Nutzen, wenn noch Zeit gefüllt werden muss.

3. Beurteilung der Liquidität mit Kennziffern

14)

| Kapitalflussrechnung |

Stichwörter: Zwingender Bestandteil des Jahresabschlusses
– nach IFRS und US-GAAP
– bei Konzernabschlüssen
– bei kapitalmarktorientierten Kapitalgesellschaften.

15)

| Kapitalflussrechnung
• Zeigt die quantitativen Veränderungen des Liquiditätspotenzials
• Zeigt die Ursachen dieser Veränderungen |

Animation: Keine neue Folie, Text z. B. „Auflösen".
Stichwörter: Ziele der KFR:
– Ermittlung des Finanzbedarfs,
– Darstellung der Deckung des Finanzbedarfs,
– Darstellung der Liquiditätsveränderung
– Darstellung der Investitions- und Finanzierungstätigkeit

16)

| Kapitalflussrechnung: Schema
  Finanzmittelbestand am Anfang der Periode
+/- Cashflow aus laufender Geschäftstätigkeit
+/- Cashflow der Investitionstätigkeit
+/- Cashflow aus Finanzierungstätigkeit
= Finanzmittelbestand am Ende der Periode |

Animation: Die fünf Zeilen nacheinander erst aufdecken, wenn sie erläutert werden, z. B. „Auflösen".
Stichwörter: Daten können
– der Bilanz
– der GuV
– dem Anhang
entnommen werden.
Höherer Erkenntniswert als CF durch die differenzierte Darstellung.
Hinweise: Gute Chance, Zeit zu füllen: Beispiele für die drei Cashflows, Vergleich der entsprechenden Bilanzpositionen

17)

| Maßnahmen zur Verbesserung der Liquidität
• Forderungsmanagement
• Ausnutzen von Zahlungszielen
• Factoring |

Animation: Die Maßnahmen einzeln aufdecken. Dieselbe Animation wie bisher nutzen.
Stichwörter: Hier kann man leicht über die Maßnahmen sprechen. Darstellung ausdehnen, bis 14 Minuten um sind.
Hinweise: Letzte Möglichkeit, Zeit zu füllen.

18)

Fazit	**Stichwörter:** Die einfachen Kennziffern liefern nur begrenzte Informationen. Trotzdem haben Sie ihren Stellenwert, wenn kritisch interpretiert und durch andere Informationen ergänzt werden.

19)

VIELEN DANK FÜR IHRE AUFMERKSAMKEIT!	**Animation:** Zum Schluss kann nochmals ein Akzent gesetzt werden. Das Hintergrundbild schafft den Bezug zur Eröffnungsfolie.
	Stichwörter: Den Schluss haben Sie zu Hause vorbereitet.
	Hinweise: Eine freundliche Schlussbemerkung ermöglicht einen einfachen und lockeren Übergang zum Fachgespräch.

HINWEIS Wer Microsoft PowerPoint souverän beherrscht, kann die Folien 5/6, 11/12 und 14/15 auch zusammenfassen.

3.5 Kommentar

Tz. 243

Anmerkungen

Vorteile:

- ▶ Das Thema enthält keine besonderen Schwierigkeiten.
- ▶ Die eigentlich textlastige Präsentation kann durch die Animationen leicht aufgelockert werden.
- ▶ Die Zeit kann sehr flexibel beeinflusst werden.
- ▶ Durch die vorgeschlagenen Animationen wird die Aufmerksamkeit gebunden.
- ▶ Die Anschlussfragen können gut abgeschätzt werden.

Nachteile:

- ▶ Relativ viele Folien verlangen Übung mit der Synchronisation mit der verbalen Darstellung.
- ▶ Die Prüfer werden keine besondere fachliche Herausforderung erkennen.
- ▶ Sie werden deshalb voraussichtlich nach den (von der Prüfungsverordnung verpflichtenden) Anschlussfragen schnell zu anderen Handlungsbereichen übergehen.

3.6 Mögliche Anschlussthemen

Tz. 244

- ▶ Details zur Kapitalflussrechnung
- ▶ Finanzierungsarten
- ▶ Risikomanagement

4. Auswirkungen einer Leasing-Entscheidung

Tz. 245

„Ich bin vom Finanzvorstand der Rot AG beauftragt, darzustellen, welche Auswirkungen sich auf die Vermögens-, Finanz- und Ertragslage ergeben, wenn eine Produktionsmaschine von der Rot AG entweder gekauft oder gemietet wird."

Beispiel 4

4.1 Vorüberlegungen

Tz. 246

- ▶ Die Visualisierung kann mit Laptop/Beamer gut gelingen.
- ▶ Die Gliederung ist durch die Dreiteilung des Themas festgelegt, Abweichungen während der Darstellung sind nicht zu erwarten.
- ▶ Ein Spickzettel ist sinnvoll, weil er nicht nur Sicherheit gibt, sondern auch das Einhalten das Zeitplans und der Gliederung erleichtert.

4.2 Gliederung

Tz. 247

Aus der Logik der Themenstellung ergeben sich zwei grundsätzlich sinnvolle Gliederungsmöglichkeiten:

Gliederung

Gliederung 1	Gliederung 2
1. Einleitung	1. Einleitung
2. Auswirkungen auf die Vermögenslage	2. Auswirkungen durch den Erwerb
2.1 Erwerb	2.1 Vermögenslage
2.2 Miete	2.2 Ertragslage
3. Auswirkungen auf die Ertragslage	2.3 Finanzlage
3.1 Erwerb	3. Auswirkungen durch Miete
3.2 Miete	3.1 Vermögenslage
4. Auswirkungen auf die Finanzlage	3.2 Ertragslage
4.1 Erwerb	3.3 Finanzlage
4.2 Miete	4. Zusammenfassung
5. Fazit	

Gliederung 1 wird hier der Vorzug gegeben. Die Gliederung ist zwar schematisch, aber die Unterschiede, die sich aus der Make-or-buy-Entscheidung ergeben, lassen sich so besser präsentieren.

4.3 Handout

Tz. 248

Auf ein Handout kann verzichtet werden, weil den Prüfern während der Präsentation keine Informationen dauerhaft vorliegen müssen.

Handout

4.4 Spickzettel

Tz. 249

1. Einleitung
   Auswirkungen im JA zu erkennen
   → Bilanzpolitik beeinflusst Ergebnis
   → Darstellung anhand von HGB
   → Unterschiede zu IFRS möglich
   Annahmen, weil konkrete Angaben fehlen
	aus Bilanz	Folien 2-4

2. Auswirkungen auf die Vermögenslage
   ersichtlich aus der Bilanz
   2.1 Erwerb
      → Zunahme AV
      → Zunahme Bilanzsumme wahrscheinlich
      → Veränderung Kennzahlen
   2.2 Miete
      → Nur Zahlungsmittelabfluss
	EK-Quote!!
	„Anhänger" möglich
		Folien 5-7

3. Auswirkungen auf die Ertragslage
   → gering
   → Mietzahlungen und Abschreibungen
      sind BA
	aus GuV
	kommt auf die Höhe an
	Leverage-Effekt
	„Anhänger" 🕐
		Folien 8
		Zeit kontrollieren, evtl. hier längerer Exkurs

4. Auswirkungen auf die Finanzlage
   4.1 Erwerb
      → Hohe Liquiditätsbelastung bei Kauf
   4.2 Miete
      → Regelmäßige Liquiditätsbelastung
   (X) Andere Kennzahlen
       Unterschiede bei IFRS
	„Anhänger"	Folien 9-10

5. Fazit
   → Die genauen Bedingungen sind
      entscheidend
   → Dank für Aufmerksamkeit
		Folien 11-12

4.5 Flipchart

Tz. 250

Flipchart Die Gliederung ist logisch vorgegeben, während der Präsentation können weder zusätzliche Elemente eingefügt werden noch vorgesehene weggelassen werden. Deshalb kann die Gliederung risikolos für die Prüfer dauernd sichtbar auf einem Flipchart gezeigt werden. Dadurch ergibt sich ein dritter Kommunikationskanal.

4.6 Folien
Tz. 251

1)   Präsentation

        Ohne Folie   **Hinweise:**   Persönliche Vorstellung, Gliederung auf Flipchart

2)

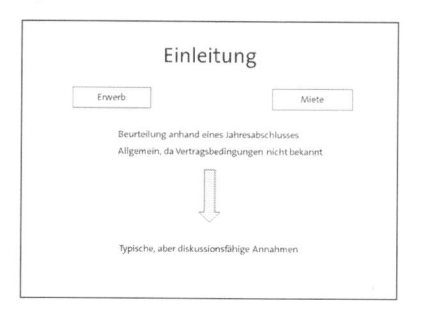

[Folie "Einleitung": Erwerb / Miete; Beurteilung anhand eines Jahresabschlusses; Allgemein, da Vertragsbedingungen nicht bekannt; Typische, aber diskussionsfähige Annahmen]

Animation: Zeilen nacheinander aufdecken, auf keinen Fall alle gleichzeitig, z. B. „Erscheinen". Pfeil z. B. „Rollen von oben".

Stichwörter: Hinweis auf unterschiedliche Unternehmensziele

Hinweise: Möglichst konsequente Orientierung an dem zweigeteilten Thema

3)

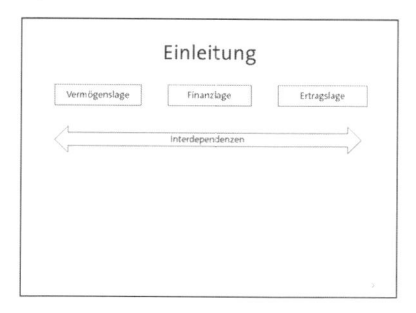

[Folie "Einleitung": Vermögenslage / Finanzlage / Ertragslage; Interdependenzen]

Animation: Pfeil effektvoll einsetzen, z. B. „Dehnen".

Stichwörter: Die EFV-Lagen beeinflussen bzw. bedingen sich gegenseitig.

Hinweise: Für das dreigeteilte Thema soll eine "Klammer" entstehen.

4)

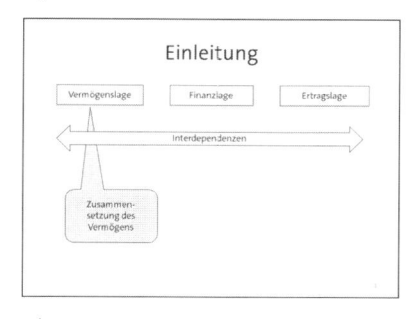

[Folie "Einleitung": Vermögenslage / Finanzlage / Ertragslage; Interdependenzen; Zusammensetzung des Vermögens]

Animation: Legende spektakulär einführen, z. B. „Spirale"

Stichwörter: Anlagenintensität, Konstitution u. Ä.

Hinweise: Einführung in den Abschnitt "Vermögenslage"

5)

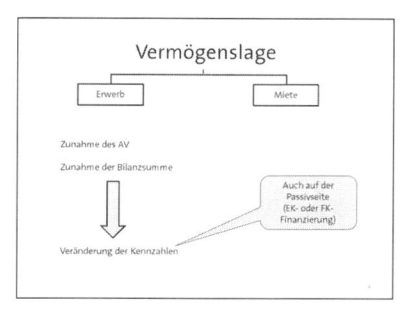

[Folie "Vermögenslage": Erwerb / Miete; Zunahme des AV; Zunahme der Bilanzsumme; Auch auf der Passivseite (EK- oder FK-Finanzierung); Veränderung der Kennzahlen]

Animation: Einzeln aufdecken. Pfeil und Legende sollen Aufmerksamkeit erzielen. Pfeil z. B. „Rollen von oben", Legende z. B. „Spirale".

Stichwörter: Anteil des AV ändert sich mit der Bilanzsumme.

Hinweise: Folien 4 und 5 können zusammengefasst werden.

VII. Beispiele

6)

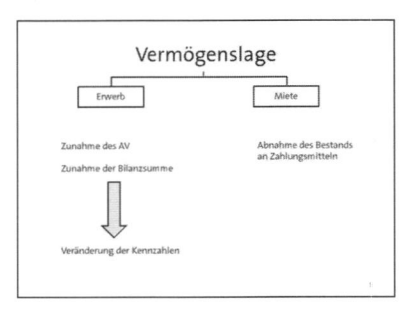

Animation:	Vorherige Folie ergänzen.
Stichwörter:	Liquidität/AV, Alternativen bei Miete
Hinweise:	Folien 4 und 5 können zusammengefasst werden.

7)

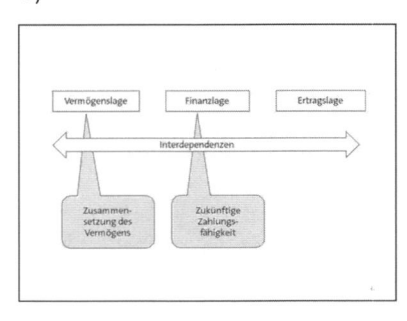

Animation:	Zweite Legende mit derselben Animation wie bei Folie 4.
Stichwörter:	Möglichkeiten der Prognose, z. B. KFR, Finanzplan.
Hinweise:	Durch Wiederholung der Folie 3 wird der Zusammenhang erkennbar.

8)

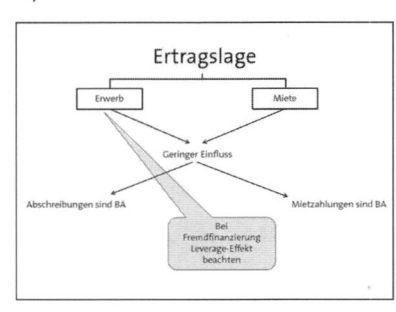

Animation:	Drei Schritte planen: 1. Pfeile bis „Geringer Einfluss" z. B. „Rollen von oben" 2. Pfeile bis „BA" z. B. „Rollen von oben" 3. Legende mit anderer Animation, z. B. „Spirale"
Stichwörter:	Rentabilitäten, RoI
Hinweise:	Zeitoptimierung durch mehr oder weniger ausführliche Erörterung.

9)

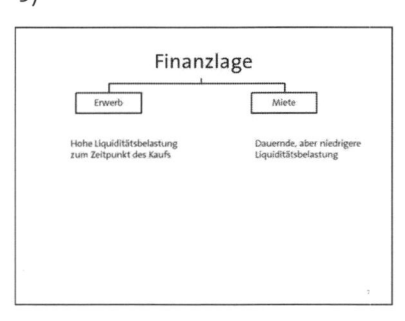

Animation:	Erläuterungen einzeln aufdecken, wenn darüber gesprochen wird.
Stichwörter:	Liquiditätsgrade, Working Capital
Hinweise:	Zeitoptimierung durch mehr oder weniger ausführliche Erörterung.

10)

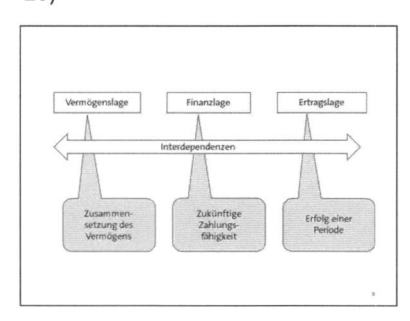

Animation:	Dritte Legende mit derselben Animation wie bei Folie 4.
Hinweise:	Durch Wiederholung der Folie 3 wird der Zusammenhang erkennbar.

11)

Folie: Zusammenfassung (Vermögenslage, Finanzlage, Ertragslage – Interdependenzen – Beurteilung abhängig von Erwartungen zur weiteren Entwicklung, Finanzierung)

Animation: Wiederholung Folie 3 macht die Präsentation „rund". Beurteilung einzeln aufdecken, z. B. „Einfliegen von unten".

Stichwörter: Unternehmensziele, Unternehmenspolitik, Eigen-/Fremdfinanzierung

Hinweise: Hinweis auf verwandte Themen ermöglicht, die Präsentationszeit auszunutzen.

12)

Folie: Vielen Dank für Ihre Aufmerksamkeit

Hinweise: Formulierung und Visualisierung sind reine Geschmackssache. Eine spannende Abschlussfolie signalisiert den Prüfern das Ende der Präsentation.

4.7 Kommentar

Tz. 252

Es handelt sich um ein offen formuliertes Thema, das die Forderungen des § 264 Abs. 2 HGB umfassend berücksichtigen muss.

Anmerkungen

Von besonderer Bedeutung ist eine sorgfältige Gliederung, damit die drei angegebenen Aspekte (Ertrags-, Vermögens- und Finanzlage) mit den beiden Alternativen (Erwerb und Miete) sinnvoll verknüpft werden können. Aus diesem Grunde sind die Folien konsequent zweigeteilt.

Ein roter Faden ergibt sich durch die Variation von wenigen Grundelementen auf den Folien.

Vorteile:
- Klare Gliederungsmöglichkeiten
- Viele Möglichkeiten zur Erläuterung der Darstellung, dadurch flexible Zeitgestaltung.
- Abwechslungsreiche Animationen möglich und sinnvoll.

Nachteile:
- Diskussion der beiden Alternativen muss sich zwangsläufig wiederholen.
- Enge Verzahnung mit dem Handlungsbereich „Finanzmanagement des Unternehmens wahrnehmen, gestalten und überwachen".
- Die interessante Visualisierung stellt eine Herausforderung dar.

4.8 Mögliche Anschlussfragen

Tz. 253
- Sie haben von „Miete" gesprochen, welche Arten des Leasings sind Ihnen denn bekannt?
- Letztlich geht es ja um Bilanzpolitik. Welche Ziele können damit verfolgt werden?
- In welchen Fällen muss die Maschine bilanziert werden? Gibt es Unterschiede zu IFRS?

FRAGEN

4.9 Weitere Anknüpfungspunkte

Tz. 254
- Arten der Finanzierung
- Einschätzung der Risiken der Alternativen
- Welche Auswirkungen ergeben sich für die Kostenrechnung bei den beiden Alternativen?

5. Ordentliches Betriebsergebnis

5.1 Handlungsorientierte Formulierung

Tz. 255

Beispiel 5 „Ich bin Leiterin des Rechnungswesens der Magenta AG. Der Finanzvorstand hat mich aufgefordert, das Betriebsergebnis des Jahres 2017 zu ermitteln und so zu interpretieren, dass ggf. notwendige Maßnahmen deutlich werden. Das erfordert eine Analyse des Betriebsergebnisses und die Berechnung von geeigneten Kennziffern."

Die Umsatzrentabilität beträgt 2017 im Branchendurchschnitt 8 %, im Vorjahr 7,8 %.

Die GuV ist nach dem Gesamtkostenverfahren (§ 275 Abs. 2 HGB) aufgestellt.

	Alle Angabe in T€	2017	2016
1.	Umsatzerlöse	48.354	40.205
2.	Erhöhung oder Verminderung des Bestands an fertigen und unfertigen Erzeugnissen	105	- 25
3.	andere aktivierte Eigenleistungen	157	0
4.	sonstige betriebliche Erträge	254	249
5.	Materialaufwand	26.818	22.695
6.	Personalaufwand	8.355	7.390
7.	Abschreibungen	645	768
8.	sonstige betriebliche Aufwendungen	7.228	5.464
9.	sonstige Zinsen und ähnliche Erträge	2	4
10.	Zinsen und ähnliche Aufwendungen	168	116
	Zwischensumme zur Berechnung (später raus)	5.658	4.000
11.	Steuern vom Einkommen und Ertrag	1.694	1.201
12.	sonstige Steuern	20	21
13.	Jahresüberschuss	3.944	2.778

HINWEIS Die Ermittlung des Betriebsergebnisses ist zwar eine einfache Standardaufgabe, durch das BilRUG haben sich aber neue Fragen ergeben, die problematisiert werden können.

Die Aufgabe zeigt, dass auch sehr zahlenlastige Lösungen interessant visualisiert werden können.

5.2 Vorüberlegungen

Tz. 256

▶ Das Betriebsergebnis ist das zentrale Thema der Präsentation. Es muss deshalb zunächst ermittelt werden.

▶ Die Berechnung muss jederzeit verfügbar sein. Zu den einzelnen Positionen können Anmerkungen/Hinweise/Kommentare angebracht werden.

▶ Die Tabelle zur Ermittlung des Betriebsergebnisses wirkt langweilig, wenn durch die Visualisierung keine Effekte erreicht werden.

▶ Eine lange Tabelle führt zu Problemen bei der Visualisierung, deshalb muss sie aufgeteilt werden.

▶ Wegen des Aufgabentyps sollte die Darstellung in „Ich"-Form erfolgen.

▶ Eine einheitliche Gestaltung der Folien verbindet die Teile der Präsentation.

5.3 Gliederung

Tz. 257

1. Einleitung
Persönliche Vorstellung
Beschreibung des Auftrags
2. Ermittlung des Betriebsergebnisses
2.1 Ziel der Berechnung
2.2 Gesamtleistung
2.3 Betriebsergebnis
3. Interpretation des Betriebsergebnisses
3.1 Umsatzrentabilität
3.2 Betriebsrentabilität
3.3 Materialaufwandsquote
3.4 Personalaufwandsquote
4. Zusammenfassung

5.4 Handout

Tz. 258

Die Ermittlung des Betriebsergebnisses erfolgt aus den Zahlen der GuV, deshalb sollten den Prüfern eine GuV und eine Beschreibung der Rahmenbedingungen ausgehändigt werden.

Handout

5.5 Spickzettel

Tz. 259

Zu dieser Präsentation ist es sinnvoll, zwei Spickzettel zu nutzen:

Spickzettel

1. Ermittlungsschema und Berechnung des Betriebsergebnisses

	Alle Angabe in T€	2017	2016
	Umsatzerlöse	48.354	40.205
+	Erhöhung oder Verminderung des Bestands an fertigen und unfertigen Erzeugnissen	105	- 25
+	andere aktivierte Eigenleistungen	157	0
=	**Gesamtleistung**	**48.616**	**40.180**
+	sonstige betriebliche Erträge	254	249
-	Materialaufwand	26.818	22.695
-	Personalaufwand	8.355	7.390
-	Abschreibungen	645	768
-	sonstige betriebliche Aufwendungen	7.228	5.464
-	sonstige Steuern	20	21
=	**Betriebsergebnis**	**5.804**	**4.091**

2. Ablauf der Präsentation

Vorstellung, Warum BiBu-Prüfung?	Zeit beachten!	Folie 1
Einführung ins Thema	Rahmenbedingungen verdeutlichen	Folie 2
Handout mit GuV an die Prüfer. Kommentieren!		
Ziele der Ermittlung des BE		Folie 3
Berechnung des BE	ausführlich !	Folien 4–7
Kennzahlen	Umsatzrentabilität BilRUG beachten!	Folien 8–11
	Aufwandsquoten Auch weitere, wenn Zeit	
Zusammenfassung		Folie 12
Dank		

5.6 Folien

Tz. 260

Präsentation 1)

Animation: Die Gestaltung des Hintergrundes ist reine Geschmackssache, soll aber Interesse wecken.

Stichwörter: Vorstellung, Einführung ins Thema

2)

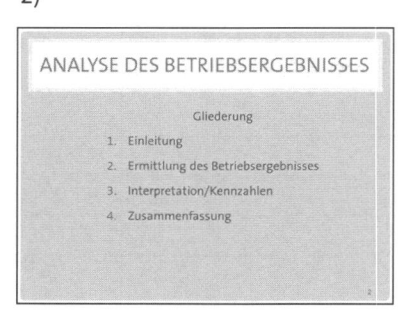

Animation: Gliederungspunkte nacheinander aufdecken.

Hinweise: Gliederungspunkte ausführlich erläutern.

3)

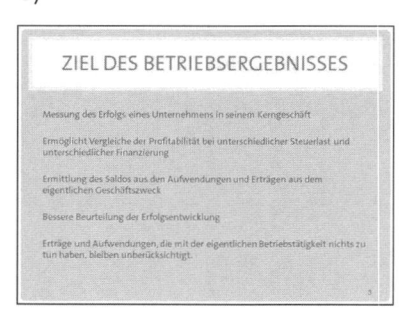

Animation: Ziele nacheinander aufdecken. Auf keinen Fall sofort Folie insgesamt zeigen.

Stichwörter: Bedeutung des BE (auch in Abgrenzung zum JÜ) herausarbeiten.

Hinweise: Ziele erläutern, Zeit füllen.

5. Ordentliches Betriebsergebnis

4)

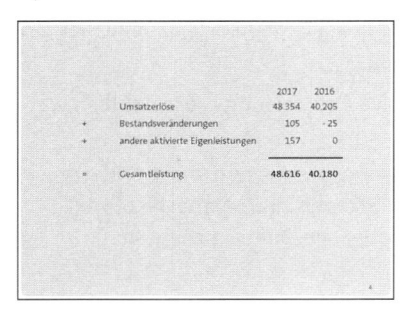

Animation:	Berechnung Zeile für Zeile entwickeln.
Stichwörter:	Beispiele zu Bestandsveränderungen und Eigenleistungen.
Hinweise:	Hinweis, warum zunächst die Gesamtleistung berechnet und dargestellt wird.

5)

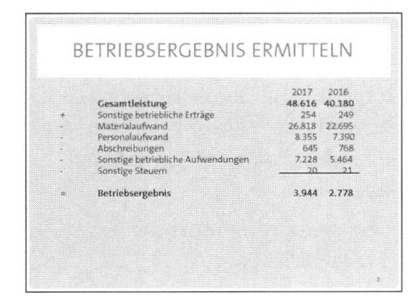

Animation:	Auf keinen Fall fertige Folie zeigen, nach und nachentwickeln.
Stichwörter:	Unterschiede zur GuV verdeutlichen
Hinweise:	Jede Zeile kommentieren, Zeit ausnutzen.

6)

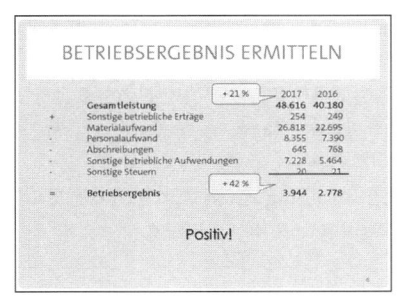

Animation:	Dringend Auflockerung erforderlich. Spektakuläre Animation notwendig, z. B. „Spirale".
Stichwörter:	Extrem unterschiedliche Entwicklung von BE und Gesamtleistung
Hinweise:	Prüfen, welche Aufwandsarten sich signifikant verändert haben. Schlussfolgerungen!

7)

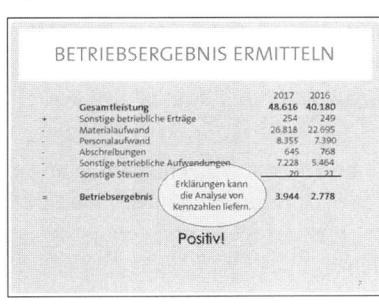

Animation:	Vorherige Folie verwenden, zweimal dieselbe Animation wiederholen: Interessant, aber nicht verwirrend.
Hinweise:	Wichtiger Schritt, um die ausführliche Analyse zu begründen und einzuleiten.

8)

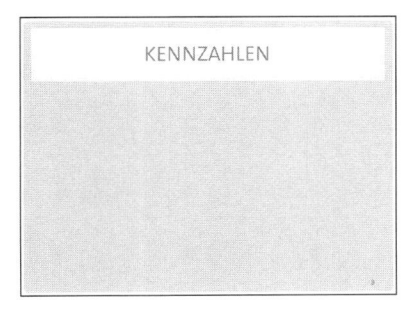

Hinweise:	Die Folie verdeutlicht den Übergang zum Analyseteil. Zeit beachten!

VII. Beispiele

9)

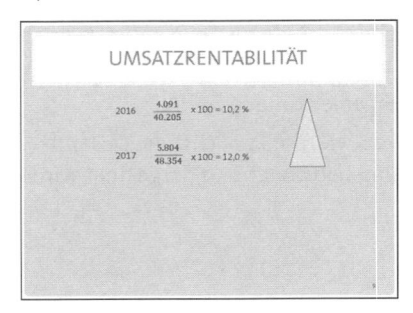

Animation:	Formeln einzeln aufdecken, Pfeil erst abschließend.
Stichwörter:	Positive Entwicklung muss deutlich werden.
Hinweise:	Berechnung erläutern, dann Entwicklung interpretieren. Danach sofort nächste Folie. BilRuG beachten!

10)

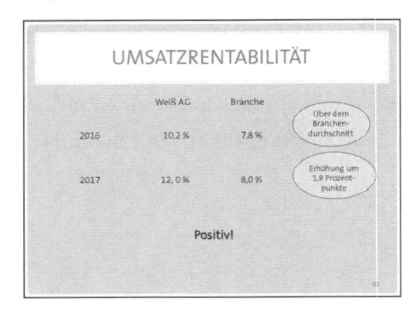

Animation:	Interpretationen durch Animation interessant einfügen.
Stichwörter:	Der Vergleich zum Branchendurchschnitt wird durch die einleitenden Angaben bei den Rahmenbedingungen möglich.
Hinweise:	Die Foliengestaltung muss die Aussagen verdeutlichen.

11)

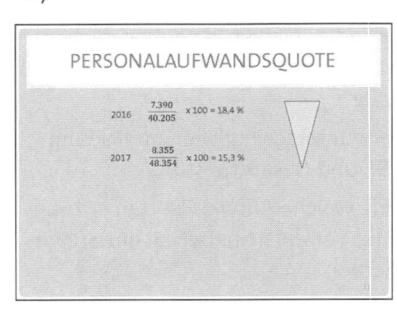

Animation:	Dieselbe Animation verwenden wie für die Folie „Umsatzrentabilität". So entsteht optisch ein Zusammenhang.
Stichwörter:	Verbesserung kann verschiedene Ursachen haben.
Hinweise:	Die Entwicklung muss durch die Foliengestaltung deutlich werden.

12)

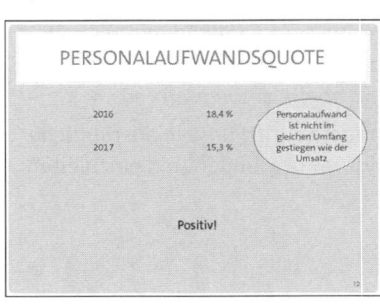

Animation:	Interpretationen durch Animation interessant einführen.
Stichwörter:	Personalkosten sind intervallfixe Kosten.
Hinweise:	Dasselbe Schema verwenden wie bei der Folie „Umsatzrentabilität". Weitere/andere Kennzahlen können eingefügt werden.

13)

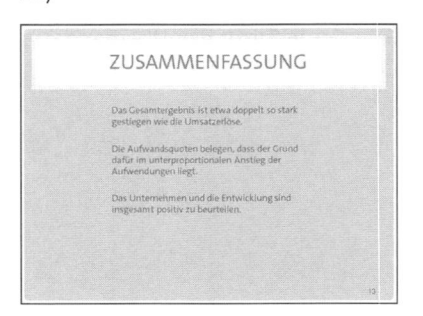

Animation:	Argumente nach und nach aufdecken.
Hinweise:	Dank und Schlusswort anfügen.

5.7 Kommentar

Tz. 261

Vorteile:

▶ Das Thema stellt inhaltlich keine wirkliche Herausforderung dar, durch eine gelungene Animation lässt sich aber eine interessante Wirkung erzielen.

▶ Durch die Auswahl der Kennzahlen im 3. Abschnitt kann die Zeit vergleichsweise einfach auf genau 15 Minuten ausgedehnt/begrenzt werden.

▶ Die durch das BilRUG geänderte Gliederung der GuV und die Definition der Umsatzerlöse können problematisiert und diskutiert werden. Das wirkt aktuell und kompetent.

Nachteile:

▶ Weil das Thema selbst wenig spannend ist, muss großer Wert auf eine souveräne Präsentation gelegt werden. Es ist deshalb vor allem für Teilnehmer geeignet, die lebendig und überzeugend vortragen können.

▶ Die Gliederungsschemata der GuV vor und nach BilRUG müssen bekannt sein.

5.8 Mögliche Anschlussfragen

Tz. 262

▶ Das Betriebsergebnis wird auch als EBIT bezeichnet. Kennen Sie auch EBITDA?

▶ Welche Gründe kann es – ganz allgemein – für eine Veränderung der Materialaufwandsquote geben?

▶ Welche Gründe kann es – ganz allgemein – für eine Veränderung der Personalaufwandsquote geben?

▶ Manche Kennzahlen können mit dem Jahresüberschuss oder alternativ mit dem Betriebsergebnis berechnet werden. Welchen Vorteil könnte im Vergleich das Betriebsergebnis haben?

▶ Wodurch unterscheidet sich das Gesamtkosten- vom Umsatzkostenverfahren?

5.9 Weitere Anknüpfungspunkte

Tz. 263

▶ Wann ergibt sich kostenrechnerisch ein positives Betriebsergebnis?

▶ Welche Risiken können sich bei sinkendem BE ergeben?

▶ Welche Zusammenhänge gibt es zwischen Aufwandsquoten und Kapitalbedarf?

6. Rentabilitäten

6.1 Aufgabenstellung

Tz. 264

„Um die dringend notwendige Erhöhung des Eigenkapitals zu erreichen, verhandelt die Gold AG mit einem potenziellen Investor. Ich bin Leiterin des Rechnungswesens der Gold AG und vom Vorstand beauftragt, für das anstehende Investorengespräch die Ertragslage darzustellen."

Es handelt sich um eine klar abgegrenzte, übersichtliche Aufgabenstellung. Ein zentrales Thema der Jahresabschlussanalyse muss umfassend erörtert werden. Es muss darauf geachtet werden, dass die möglichen Fragen des Investors bereits in der Präsentation angesprochen werden.

Weil durch das BilRUG die Umsatzerlöse neu definiert worden sind, kann eine interessante aktuelle Diskussion angestoßen werden.

VII. Beispiele

6.2 Vorüberlegungen

Tz. 265
Fachlich ist die Aufgabenstellung ohne besondere Schwierigkeiten. Die Prüfer werden deshalb eine umfassende Darstellung erwarten, die deutlich auf die Interessenlage des potenziellen Investors eingeht. Inhalte und Gliederung sind dadurch fast zwingend vorgegeben, Spannung kann trotzdem durch einen lebendigen Vortrag und durch überzeugende Foliengestaltung erreicht werden.

Zur Foliengestaltung gibt es wenige Alternativen.

6.3 Gliederung

Tz. 266
Gliederung

1.	Ermittlung der Kennzahlen
2.	Kennzahlen zur Ertragslage
2.1	Rentabilitäten
2.1.1	Eigenkapitalrentabilität
2.1.2	Gesamtkapitalrentabilität
2.1.3	Umsatzrentabilität
2.2	Weitere Ertragskennzahlen
2.2.1	Gewinn je Aktie
2.2.2	Unternehmenswert
3.	Ergänzende Kennzahlen
4.	Zusammenfassung

6.4 Handout

Tz. 267

Handout Wenn die Kennzahlen errechnet werden sollen, muss den Prüfern der Jahresabschluss vorliegen.

Bilanz zum 31.12.02

Aktiva				Passiva		
A.	Anlagevermögen			A.	Eigenkapital	
	I. Immaterielle VG	7.500,00		1.	Gezeichnetes Kapital	608.000,00
	II. Sachanlagen	1.291.992,00		2.	Kapitalrücklage	6.000,00
	III. Finanzanlagen	40,00		3.	Gewinnrücklage	27.000,00
				4.	Bilanzgewinn	143.206,40
B.	Umlaufvermögen					
	I. Vorräte	127.200,00	B.	Rückstellungen		
	II. Forderungen und sonstige VG			1.	Pensionsrückstellungen	35.720,00
	1. Forderungen aus LL	87.360,00		2.	Steuerrückstellungen	6.000,00
	2. sonstige VG	1.960,00		3.	Sonstige kurzfr. Rückstellungen	47.440,00
	III. Liquide Mittel	20.276,80				
C.	Rechnungsabgrenzungsposten	4.368,00	C.	Verbindlichkeiten		
				1.	gegenüber Kreditinstituten	540.000,00
D.	Latente Steuern	7.240,00		2.	aus LL	11.812,00
				3.	Sonstige	122.758,40
		1.547.936,80				1.547.936,80

6. Rentabilitäten

Gewinn- und Verlustrechnung zum 31.12.02

1.	Umsatzerlöse	3.919.188,00
2.	Bestandsveränderungen	4.200,00
3.	andere aktivierte Eigenleistungen	6.280,00
4.	sonstige betriebliche Erträge	10.176,00
5.	Materialaufwand	572.716,00
6.	Personalaufwand	3.034.192,00
7.	Abschreibungen	25.800,00
8.	sonstige betriebliche Aufwendungen	89.120,00
9.	sonstige Zinsen und ähnliche Erträge	98,40
10.	Zinsen und ähnliche Aufwendungen	6.348,00
		211.766,40
11.	Steuern vom Einkommen und Ertrag	67.760,00
12.	sonstige Steuern	800,00
13.	Jahresüberschuss	143.206,40

6.5 Spickzettel

Tz. 268

		Persönliche Vorstellung, auf Zeit achten	Folie
1.	Ermittlung der Kennzahlen	Informationen nach IFRS besser als nach HGB	1
		Investoren interessiert der Erfolg des eingesetzten Kapitals	2
2.	Kennzahlen zur Ertragslage	Hinweis auf § 264,2 HGB	
		Nur im Vergleich sinnvoll	
2.1	Rentabilitäten	Erfolgsgröße bezogen auf eingesetztes Kapital	
2.1.1	Eigenkapitalrentabilität	Zentrale Aussage für Anleger	3
2.1.2	Gesamtkapitalrentabilität	Zusätzliche Informationen	4
2.1.3	Umsatzrentabilität		5
		RoI, Umfang nach erforderlicher Zeit	6
		Hierarchisch aufgebautes Kennziffernsystem	
2.2	Weitere Ertragskennzahlen		
2.2.1	Gewinn je Aktie	Der Investor wird Aktien erwerben	7
		Dividendenrendite	
2.2.2	Unternehmenswert	Langfristige Perspektive	
3.	Ergänzende Kennzahlen	Umfang nach restlicher Zeit, evtl. nur nennen	8
		z. B. Aufwandsstruktur	
4.	Zusammenfassung		
		Dank nicht vergessen!!	

Spickzettel

VII. Beispiele

6.6 Folien

Tz. 269

Präsentation 1)

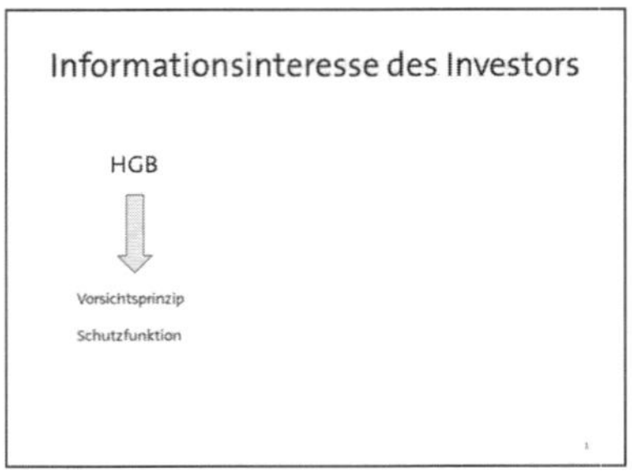

[Folie: Informationsinteresse des Investors – HGB → Vorsichtsprinzip, Schutzfunktion]	**Animation:** Pfeil „Wischen von oben", Text „Erscheinen". **Stichwörter:** Hinweis auf § 264 Abs. 2 HGB. **Hinweise:** Die Präsentation wird für einen Investor erstellt. Das soll bereits aus der ersten Folie deutlich werden.

2)

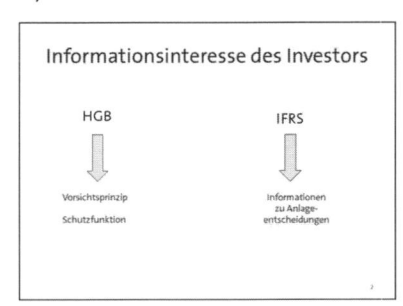

[Folie: Informationsinteresse des Investors – HGB → Vorsichtsprinzip, Schutzfunktion; IFRS → Informationen zu Anlageentscheidungen]	**Animation:** Linke Seite bleibt stehen, rechte Seite wie Folie 1. **Stichwörter:** Bewertungsfragen ansprechen. **Hinweise:** Hier kann viel Zeit verbraucht werden. Aber: Bietet Anknüpfungspinkte für das Fachgespräch.

3)

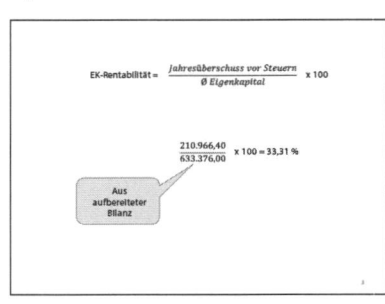

[Folie: $\text{EK-Rentabilität} = \frac{\text{Jahresüberschuss vor Steuern}}{\varnothing\ \text{Eigenkapital}} \times 100$; $\frac{210.966,40}{633.376,00} \times 100 = 33,31\,\%$; „Aus aufbereiteter Bilanz"]	**Animation:** Formeln „Auflösen", Legende „Spirale". **Stichwörter:** Formel erklären: Warum vor Steuern? Warum durchschnittliches EK? Hinweis auf Unternehmerlohn sinnvoll. **Hinweise:** Die Zahlen können auf einer leeren Folie oder am Flipchart entwickelt werden.

4)

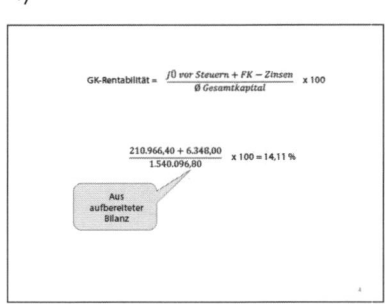

[Folie: $\text{GK-Rentabilität} = \frac{\text{JÜ vor Steuern} + \text{FK-Zinsen}}{\varnothing\ \text{Gesamtkapital}} \times 100$; $\frac{210.966,40 + 6.348,00}{1.540.096,80} \times 100 = 14,11\,\%$; „Aus aufbereiteter Bilanz"]	**Animation:** Wie Folie 3 **Stichwörter:** Addition FK-Zinsen erklären. **Hinweise:** Die Zahlen können auf einer leeren Folie oder am Flipchart entwickelt werden.

6. Rentabilitäten

5)

[Folie: Umsatzrentabilität = $\frac{\text{JÜ nach Steuern}}{\text{Umsatzerlöse}} \times 100$; Alternativ: Ordentliches Betriebsergebnis; $\frac{143.206,40}{3.934.188,00} \times 100 = 3,64\%$]

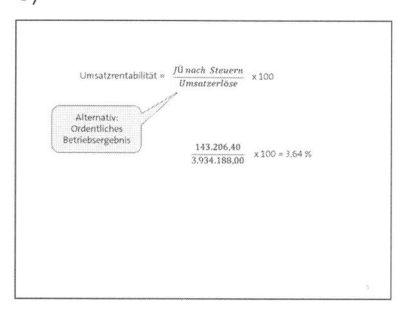

Animation: Wie Folie 3

Stichwörter: Unbedingt auf die Veränderungen durch das BilRUG eingehen. Die Kennzahl wird dadurch weniger aussagefähig.

Hinweise: Es gibt verschiedene Formeln zur Ermittlung der Umsatzrentabilität.

6)

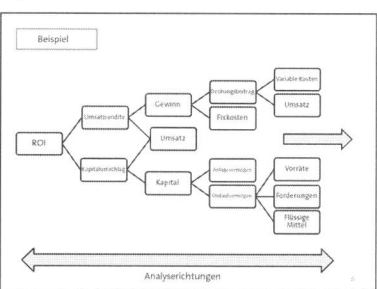

[Folie: Beispiel – ROI-Schema mit Umsatzrendite, Gewinn, Umsatz, Kapitalumschlag, Kapital, Fixkosten, variable Kosten, Vorräte, Forderungen, Flüssige Mittel; Analyserichtungen]

Animation: Elemente und Verbindungen „Wischen von links"

Stichwörter: Begründung für die Kennzahl darf nicht fehlen. Beide Interpretationsverfahren ansprechen.

Hinweise: Einbinden eines Scans sinnvoll. Verschiedene Varianten möglich, Wahl hängt vom Erkenntnisinteresse ab.

7)

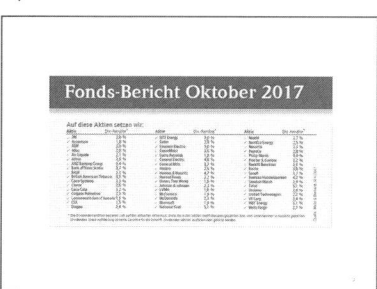

[Folie: Fonds-Bericht Oktober 2017 – Aktienliste]

Animation: „Auflösen"

Hinweise: Aktueller Bezug kann hergestellt werden. Realien lockern die Darstellung auf.

8)

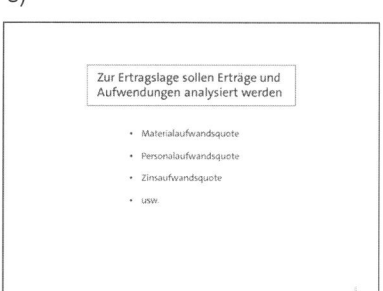

[Folie: Zur Ertragslage sollen Erträge und Aufwendungen analysiert werden
- Materialaufwandsquote
- Personalaufwandsquote
- Zinsaufwandsquote
- usw.]

Animation: Nacheinander aufdecken, z. B. „Erscheinen".

Stichwörter: Keine Ertragskennzahlen im engeren Sinne, aber Abrundung, weil nach Gründen für die Entwicklung gefragt werden kann.

Hinweise: Zeit prüfen und Darstellung entsprechend ausdehnen.

9)

[Folie: Danke für Ihre Aufmerksamkeit]

Wenn durch entsprechende Animation die einzelnen Elemente erst sichtbar werden, wenn auch darüber gesprochen wird, können die Folien 1/2 auch zusammengefasst werden.

HINWEIS

6.7 Kommentar

Tz. 270

Anmerkungen

Vorteile:
- Die Gliederung für diese Präsentation ist nahezu vorgegeben.
- Anknüpfungspunkte aus der Praxis lassen sich leicht finden.
- Fachlich gibt es keine Probleme.
- Die Zeitvorgabe lässt sich durch flexible Darstellungen leicht einhalten.

Nachteile:
- Das Thema wirkt in der Kurzfassung mit Gliederung, die der IHK eingereicht werden muss, wenig interessant.
- Ein absolutes Standardthema kann nur durch eine interessante Darstellung überzeugen.
- Bei wenigen Folien – die aber dann relativ lange zu sehen sind – wird die rhetorische Umsetzung besonders wichtig.

6.8 Mögliche Anschlussfragen

Tz. 271

- Welche anderen Kennzahlen wird ein Investor noch bei seiner Anlageentscheidung berücksichtigen?
- Welche Möglichkeiten hat die AG, um dem Anleger Aktien zu verkaufen?
- Um welche Art der Finanzierung handelt es sich dabei?
- Welche Risiken geht der Investor ein, wenn er sich an der Gold AG beteiligt?

6.9 Weitere Anknüpfungspunkte

Tz. 272

- Die Darstellung in den Folien 1 und 2 legt nahe, nach den Zielen der Rechnungslegungssysteme zu fragen.
- Praktisch alle Kennzahlen können sinnvoll thematisiert werden.
- Weil das Fachgespräch alle Handlungsbereiche umfassen kann, bieten sich Fragen zu anderen Finanzierungsmöglichkeiten an.

VIII. Anhang

Tz. 273

Auszug aus der Verordnung über die Prüfung zum anerkannten Fortbildungsabschluss Geprüfter Bilanzbuchhalter und Geprüfte Bilanzbuchhalterin (Bilanzbuchhalterprüfungsverordnung – BibuchhFPrV)

§ 6 BibuchhFPrV

§ 6 Mündliche Prüfung

(1) Zur mündlichen Prüfung wird nur zugelassen, wer die schriftliche Prüfung bestanden hat.

(2) Die mündliche Prüfung ist innerhalb von zwei Jahren nach Bekanntgabe des Bestehens der schriftlichen Prüfung durchzuführen. Bei Überschreiten der Frist ist die schriftliche Prüfung erneut abzulegen.

(3) In der mündlichen Prüfung soll der Prüfungsteilnehmer oder die Prüfungsteilnehmerin nachweisen, dass er oder sie in der Lage ist, angemessen und sachgerecht zu kommunizieren und Fachinhalte zu präsentieren.

(4) Die mündliche Prüfung besteht aus einer Präsentation und einem sich unmittelbar anschließenden Fachgespräch.

(5) In der Präsentation soll der Prüfungsteilnehmer oder die Prüfungsteilnehmerin nachweisen, dass er oder sie in der Lage ist, ein komplexes Problem der betrieblichen Praxis zu erfassen, darzustellen, zu beurteilen und zu lösen. Der Prüfungsteilnehmer oder die Prüfungsteilnehmerin wählt selbst ein Thema für die Präsentation; das Thema muss aus dem Handlungsbereich „Jahresabschlüsse aufbereiten und auswerten" stammen. Er oder sie hat das Thema mit einer Kurzbeschreibung des Problems und einer inhaltlichen Gliederung dem Prüfungsausschuss zum Termin der dritten schriftlichen Prüfungsleistung einzureichen. Die Präsentation soll nicht länger als 15 Minuten dauern.

(6) Im Fachgespräch soll der Prüfungsteilnehmer oder die Prüfungsteilnehmerin, ausgehend von der Präsentation, nachweisen, dass er oder sie in der Lage ist, Probleme der betrieblichen Praxis zu analysieren und Lösungsmöglichkeiten unter Beachtung der maßgebenden Einflussfaktoren zu bewerten. Im Fachgespräch sind neben dem Handlungsbereich „Jahresabschlüsse aufbereiten und auswerten" andere Handlungsbereiche einzubeziehen. Das Fachgespräch soll nicht länger als 30 Minuten dauern.

Tz. 274

Zeugnis **Musterzeugnis**

Abb. 38: Zeugnis (Seite 1)

Zeugnis

Diana Mustermann

geboren am 28. April 1989, hat am 24. Mai 2018 die Prüfung zum anerkannten Abschluss

Geprüfte Bilanzbuchhalterin

gemäß der Verordnung über die Prüfung zum anerkannten Abschluss

Geprüfter Bilanzbuchhalter/Geprüfte Bilanzbuchhalterin vom 26. Oktober 2015

(BGBl. I S. 1819) bestanden.

Die Prüfung erstreckt sich auf folgende Handlungsbereiche:

- Geschäftsvorfälle erfassen und nach Rechnungslegungsvorschriften zu Abschlüssen führen,
- Jahresabschlüsse aufbereiten und auswerten,
- Betriebliche Sachverhalte steuerlich darstellen,
- Finanzmanagement des Unternehmens wahrnehmen, gestalten und überwachen,
- Kosten- und Leistungsrechnung zielorientiert anwenden,
- ein internes Kontrollsystem sicherstellen,
- Kommunikation, Führung und Zusammenarbeit mit internen und externen Partnern sicherstellen.

| Abb. 39: | Zeugnis (Seite 2) |

		Punkte	Note
I.	Schriftlicher Prüfungsteil	75	befriedigend
	Aufgabenstellung 1	60	ausreichend
	Aufgabenstellung 2	72	befriedigend
	Aufgabenstellung 3	93	sehr gut
II.	Mündlicher Prüfungsteil	70	befriedigend
	Präsentation	82	gut
	Fachgespräch	64	ausreichend
III.	Gesamtergebnis	73	befriedigend

Dieser Abschluss ist im Deutschen und Europäischen Qualifikationsrahmen dem Niveau 6 zugeordnet; vergleiche www.dqr.de

Ort, Datum

Der/die Beauftragte der IHK

STICHWORTVERZEICHNIS

Die angegebenen Zahlen verweisen auf die Textziffern (Tz.).

A

AIDA-Modell 30
Angst 118
Anhang 168 f., 171 f.
Animation 97
Anlagenintensität 220 ff.
Argumentationsführung 33
Atmosphäre 141
Attest 26
Aufgabenstellung 55

B

Basel II 178
Beamer 94 ff.
Begrüßung 52
Beispiele 212
Bekanntgabe des Themas 42
Berufsbildungsgesetz 14
Bestehen der Prüfung 197 ff.
Beurteilung 172, 190
Bewertung, Präsentation 31, 147
Bewertungsfehler 210
Bilanz 168 f., 171 f., 178
Bilanzpolitik 229 ff.
Blickkontakt 122, 146
Blockbildungen 82

D

Dokumentenkamera 104

E

Eigenkapital, Basel II 178
Eigenkapitalquote 171 f.
Einladung 6 ff., 61
Einleitung 48 f., 52 ff.
Entspannung 120
Ergebnis 169, 172
Ergebnis der Prüfung 196

F

Fachgespräch 5, 60, 89, 150 ff.
– Beurteilung 190
– Formen 156
– Fragen 162 ff.
Fachsprache 124 f.
Farben 86
Fazit 58

Fehler 146
Flipchart 67 f., 112, 214, 250
Fragen
– integrierte 188
– isolierte 165
– typische 168, 171, 174, 177, 180, 183, 186

G

Ganzheitlichkeit 155
Gesamtergebnisrechnung 169
Gestik 142 f.
Gewinn- und Verlustrechnung 169, 172
Gliederung 44, 47 ff., 73, 113
Gliederungsebenen 49 f.
Grund, wichtiger 26
Grundlagenorientierung 155
Foliengestaltung 71 ff.

H

Handlungsbereiche 2
Handlungsempfehlungen 59
Handout 107 f.
Hauptteil 48, 55 f.
Hervorhebungen 86
Hilfsmittel 13

I

Identität 15

K

Karteikarten 111
Kernaussage 77
Kleidung 116 f.
Kommunikation 114 ff., 140
Kompetenzorientierung 155
Konzeption, didaktische 146
Körpersprache 33, 60, 140 f.
Kosten- und Leistungsrechnung 179 ff.
Krankheit 26
Kurzbeschreibung 44

L

Lampenfieber 118
Laserpointer 92
Leistungsfähigkeit 118
Liquidität, Beurteilung 238

M

Masterfolie 96
Medienwahl 63 ff.
Methodenvielfalt 214
Mimik 144

N

Nervosität 7, 112, 118 ff.
Notizblätter 113

O

OHP-Folien 218
Ort der Prüfung 6
Overheadprojektor (OHP) 69
Overlay 91

P

Pinnwand 65 f.
Präsentation 29 ff., 49, 60, 74, 92, 212 ff.
Präsentationsthemen 212 ff.
Präsentationszeit 4
Praxisorientierung 155
Presenter 101
Problemorientierung 155
Problemstellung 56
Protokoll 21
Prozessorientierung 155
Prüfung, Unterbrechung 26
Prüfungsangst 118
Prüfungsausschuss 7, 17 ff., 208
Prüfungsentscheidung 208 ff.
Prüfungsergebnis 117, 196
Prüfungsgespräch 162 ff.
Prüfungsraum 13, 85
Prüfungssituation 214
Prüfungstermin 6, 10, 42, 116
Prüfungsverordnung 14, 273
Prüfungszentren 13

R

Raum 13

Rechtsstand 34
Roter Faden 47, 51, 55
Rücktritt 23 ff.

S

Schluss 48 f., 57 ff.
Schriftgröße 85
Selbstbewusstsein 120
Spickzettel 111 ff., 217
Sprachstil 124
Steuerrecht 173 ff.
Stifte 90
Strukturbilanz 171 f.

T

Tageslichtprojektor 69, 92, 214
Täuschungshandlung 205
Thema
– handlungsorientiert 39 f.
– theoretisch 38

V

Vermögensanalyse 221
Verschwiegenheit 41
Verwaltungsakt 208
Verwaltungsgericht 209 f.
Visualisierung 61 ff., 75
Visualisierungsregeln 62
Visualizer 104

W

Widerspruch 208 ff.
Wiederholungsprüfung 43

Z

Zeiteinteilung 4, 110
Zeugnis 117, 274
Zulassung 1
Zwischenfragen 11, 139

NWB Bilanzbuchhalter

Effektive Vorbereitung auf die Bilanzbuchhalterprüfung (VO 2015)

5 vor Kommunikation, Führung und Zusammenarbeit
Nicolini
2017. XIV, 109 Seiten. € 35,90
ISBN 978-3-482-**66621**-6

5 vor Jahresabschluss aufbereiten und auswerten
Weber
4. Auflage. 2017.
XIII, 77 Seiten. € 35,90
ISBN 978-3-482-**63394**-2

5 vor Kosten- und Leistungsrechnung
Weber
5. Auflage. 2017.
XIII, 171 Seiten. € 35,90
ISBN 978-3-482-**60645**-8

5 vor Finanzmanagement
Weber
5. Auflage. 2017.
XV, 132 Seiten. € 35,90
ISBN 978-3-482-**60655**-7

5 vor Internes Kontrollsystem
Nicolini
2017. XIII, 83 Seiten. € 35,90
ISBN 978-3-482-**66611**-7

5 vor Steuerrecht
Weber
2018. XVI, 209 Seiten. € 35,90
ISBN 978-3-482-**63554**-0

5 vor Geschäftsvorfälle erfassen und zu Abschlüssen führen
Weber
2018. XVIII, 233 Seiten. € 35,90
ISBN 978-3-482-**66871**-5

Die Bücher der „5 vor"-Reihe sind auch als attraktive Bücherpakete erhältlich.
Mehr Infos unter **go.nwb.de/bibu**

Die Bilanzbuchhalterprüfung zählt zu den wichtigsten, aber auch anspruchsvollsten kaufmännischen Weiterbildungsabschlüssen der IHK. Dies belegen auch regelmäßige Durchfallquoten von bis zu 50 %.

Die überarbeitete „5 vor"-Reihe bereitet Sie „auf den letzten Metern" vor dem Ziel sicher auf die Prüfung zum Bilanzbuchhalter vor. Die Inhalte sind speziell auf die einzelnen Handlungsbereiche der **neuen Prüfungsverordnung** für Bilanzbuchhalter vom 26. 10. 2015 abgestimmt. Leicht und verständlich, mit anschaulichen Beispielen, zahlreichen Abbildungen und Hinweisen werden die wesentlichen Kernthemen der einzelnen Handlungsbereiche erläutert. Kontrollfragen am Ende eines jeden Kapitels und ein gesondertes Kapitel mit Übungsaufgaben helfen zusätzlich, Ihr Prüfungswissen gezielt aufzufrischen, zu überprüfen und zu vertiefen.

Alle Kontrollfragen stehen zudem als **digitale Lernkarten für Smartphone, Tablet und PC kostenlos** zur Verfügung.

So gehen Sie perfekt vorbereitet in die Prüfung!

Alle Bücher auch nach alter Prüfungsverordnung (VO 2007) weiterhin lieferbar! go.nwb.de/bibu2007

Bestellen Sie jetzt unter **go.nwb.de/shop**

Bestellungen über unseren Online-Shop:
Lieferung auf Rechnung, Bücher versandkostenfrei.

NWB versendet Bücher, Zeitschriften und Briefe CO_2-neutral. Mehr über unseren Beitrag zum Umweltschutz unter www.nwb.de/go/nachhaltigkeit

▶ **nwb** GUTE ANTWORT

NWB Rechnungswesen

Besser buchen und bilanzieren.

Alles für gute Ergebnisse. Vom einzelnen Buchungssatz bis zur kompletten Bilanz.

NWB Rechnungswesen – BBK bietet genau das, was Buchführungsprofis heute brauchen. Fachautoren mit Praxiskompetenz führen Sie Schritt für Schritt zur Lösung. Umfangreiche Informationen und praktische Arbeitshilfen in der NWB Datenbank entlasten Sie zusätzlich Tag für Tag.

▶ Alltagstauglich.
BBK „übersetzt" das abstrakte Recht in praktisches Handeln und bietet Ihnen Lösungen an, die anwendbar, richtig und geprüft sind.

▶ Ausgesucht.
Zu den Kernthemen des Rechnungswesens stellt BBK genau die Informationen zusammen, die für Ihren Berufsalltag relevant sind. Von den Grundlagen bis ins Detail.

▶ Aktuell.
BBK berichtet schnell und regelmäßig über alle neuen Regelungen. Mit Handlungsempfehlungen für die Praxis.

Jetzt 4 Wochen kostenlos testen!

Die perfekte Einheit:
Die BBK, gedruckt und fürs Tablet.
Inklusive NWB Datenbank für PC und Smartphone.

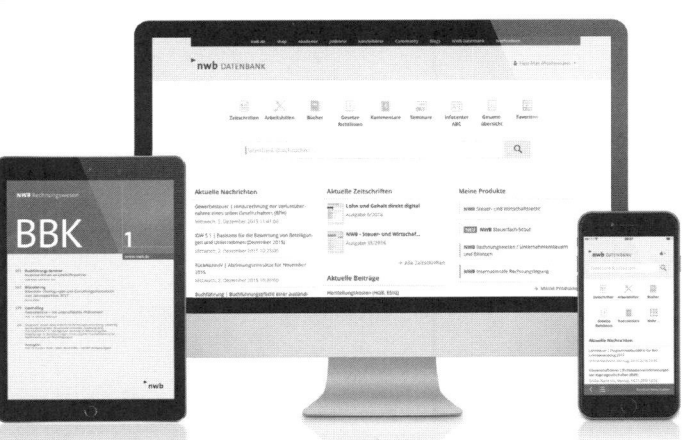

▶ **nwb** GUTE ANTWORT